教育部人文社会科学研究青年基金项目
（项目批准号：17YJC630218）

政府主导农地流转的政策效应研究

STUDY ON THE POLICY EFFECT OF GOVERNMENT-LED RURAL LAND TRANSFER

张　宇◎著

中国经济出版社
CHINA ECONOMIC PUBLISHING HOUSE
·北京·

图书在版编目（CIP）数据

政府主导农地流转的政策效应研究 / 张宇著. —北京：中国经济出版社，2021. 2
ISBN 978-7-5136-6005-1

Ⅰ. ①政… Ⅱ. ①张… Ⅲ. ①农业用地—土地流转—政策效应—研究—中国 Ⅳ. ①F321. 1

中国版本图书馆 CIP 数据核字（2019）第 296010 号

责任编辑　王　帅
责任印制　巢新强

出版发行　中国经济出版社
印 刷 者　北京九州迅驰传媒文化有限公司
经 销 者　各地新华书店
开　　本　710mm×1000mm　1/16
印　　张　10
字　　数　141 千字
版　　次　2021 年 2 月第 1 版
印　　次　2021 年 2 月第 1 次
定　　价　58. 00 元
广告经营许可证　京西工商广字第 8179 号

中国经济出版社 **网址** www. economyph. com **社址** 北京市东城区安定门外大街 58 号 **邮编** 100011
本版图书如存在印装质量问题，请与本社销售中心联系调换（联系电话：010-57512564）

目　录

CONTENTS

第一章　导　论

第一节　研究的起点与目标

一、研究的起点

20世纪80年代初实施的土地改革确立了家庭联产承包责任制，将土地承包给以家庭为经营单位的农户，使得农民拥有了生产的自主权和决策权，这一改革措施使得我国农业迅速发展。历史和实践证明，在一定时期内，家庭联产承包责任制与中国农村生产力发展水平相适应，并且调动了农民的生产积极性，缓解了我国人多地少的矛盾，为我国工业化资本、劳动力要素等的原始积累做出了巨大贡献。然而，这一制度无法一劳永逸地解决我国农业发展进程中的所有问题。伴随着社会主义市场经济体制改革的深入，农村社会分工的不断深化与市场化程度的不断提高，家庭联产承包责任制的弊端在实际运行中逐渐显现，表现为：农地细碎化日趋严重、农民组织化程度降低、农业经营规模过小、农业兼业化现象普遍、农业发展水平落后、农户家庭经营增收乏力以及农产品国际竞争力低下等。

随着工业化、信息化、城镇化的深入推进，农村劳动力大量转移，农业兼业化、农民老龄化、村庄空心化等问题使得农业生产经营面临两难：一方面，大量农村劳动力稳定转入非农领域推动的农业规模经营主体追求农地流转面积、“重收益轻亩产”现象屡见不鲜；另一方面，小规模农户因非农收入占家庭收入比重上升，粗放经营，“抽空务农”现象随处可见。农业经营在贡献口粮安全、增加农民收入后再次陷入了与经济快速发展相比“种地无利、增收乏力”的困境。为此，各地在探索适应农村劳动力转移背景下如何保障粮食供给、发展现代农业，较为趋同的观点和做法是加快土地流转、发展规模经营。中央很早就发布过鼓励农地流转的文件，1984年中央一号文件《关于一九八四年农村工作的通知》明确规定，“鼓励土地逐步向种田能手集中，社员在承包期内，因无力耕种或转营他业而要求不包或少包土地的，可以将土地交给集体统一安排，也可以经集体同意，由社员自找对象协商转包，但不能擅自改变向集体承包合同的内容”，政府开始有条件允许农地流转。1993年11月，《中共中央 国务院关于当前农业和农村经济发展的若干政策措施》指出：“在坚持土地集体所有制的前提下，延长土地承包期，允许继承开发性生产项目的承包经营权。允许土地使用权依法有偿转让，少数经济比较发达的地方，本着群众自愿的原则，可以采取转包、入股等多种形式发展适度规模经营，提高农业劳动生产率和土地利用率。”这一规定明确了可以以继承、转包、入股等多种方式流转土地承包经营权。“三权分置”改革是对中国经济结构和社会结构变革环境下人地关系和经营主体变化的回应，“三权分置”下土地产权关系问题是农村土地制度改革最基础、最核心的问题，亟待在理论、政策和法律层面展开研究。已有研究表明：“三权分置”理论蕴含着极其复杂的权利关系及利益诉求，“三权关系”是否厘清，直接关系农业适度规模经营的“效率”与农民生计“公平”目标的实现。自2013年12月中央农村工作会议首次提出“三权分置”基本方向以来，近年来中央一号文件持续关注“三权分置”下农村土地权利主体相互关系与具体实现形式问题，2016年明确提出“落实集体所有权、稳定农户承包权、放活土地经营权”的改革思路。妥善处理好“三权分置”权利及其主体行为关系问题，已成为推进新一轮土地制度改革和土地法律修订的重要前提。一时间，各地为实现扶持新型经营主体发展现代农业，行动上青睐或更加依赖政府力量主导农地流转、打造规模主体的现象屡见不鲜，这使得当前不少地方农地经营呈现市场配置和政府主导“两手”并行的局面。与此同时，大量欠发达地区因农民视土地为养老谋生和务工不济的托底，更多时候需要政府出面推动流转，这使得一些地方出现了政府主导推进流转、片面追求流转规模和比例等现象。诚然，政府主导农地流转的行为逻辑本身可以说得通，在多地农地保持细碎化的现实情况下，生产要素的投入很难获得规模报酬，政府主导流转有其解决“谁来种粮”、提高农地配置效率和劳动生产率、发展规模经营的政策初衷，且当前农村土地承包权和经营权的分置也为政府主导农地流转提供了可因循的“政策突破”。

政府主导流转呈现经营主体多元化趋势加剧、政府介入规模空前、流转契约渐进远期、费用支付约定提前等特征。既有的研究成果表明：政府主导农地流转在短期内能够实现规模迅速扩张并带来一时的繁荣，但难以长期维系，相反主要靠市场调节的农户型流转，尽管短期内规模有限、获得性不强，但长期来看有其流动活力和成本优势。加之城镇化拐点提前出现，承包户对政府主导农地流转的偏好更为降低，一方面，随着中央对农地流转监管日益强化及政府主导的“企业式规模化”难以为继，可能加速政府主导流转的衰落；另一方面，由于政府拥有主导权，这一模式容易引发权力寻租，背离“保粮增效”的最初目标。而现阶段基本国情所决定的农地家庭小规模经营仍有其效率优势，政府推进流转、探索规模经营的实践未显示出可预见的规模化与农机化、商品粮率和劳动生产率的正向效应。与农地流转更强调经济功能并行的是，社会学者更关注其社会功能，认为农地流转是一件关乎“三农”的大事，安排稳妥与否不仅关系农民生活保障，更关乎农村社会稳定，应避免资本挤兑农户，规模集聚造成农户经营权名存实亡、被迫离开土地等民生问题。

伴随我国工业化、信息化、城镇化和农业现代化进程，农村劳动力大量转移，农业物质技术装备水平不断提高，农户承包土地的经营权流转明显加快，发展适度规模经营已成为必然趋势。近年来，随着各地农地流转交易的兴起，农地流转市场逐渐呈现出市场主导型和政府主导型两种模式并存的局面：一方面通过完善农地流转市场管理和服务，鼓励以农户和企业为参与主体，拥有自主决策权益的市场主导型农地流转；另一方面在坚持依法自愿有偿原则的基础上，通过政府行政力量介入，有序规划搭建农地流转服务载体，吸引资金融通，推动农地流转进程，引导农地向新型经营主体流转。实践中，政府推动农地流转逐渐成为农地流转市场的主导类型，究其形成原因，主要有两个方面：一是法律支持。2009 年中央一号文件发布，强化政府在土地流转中的主导地位，成为中国土地资源配置演化进程中的拐点。二是政府主导型农地流转有诸多优势。市场主导型农地流转农户拥有土地的流转权，需要农户主导流转的全过程，包括寻找流转对象、沟通流转价格等，交易成本很大，阻碍了农户最优农地经营规模的实现。相反，政府主导型凭借资金、资源以及人力的投入，具有速度快、规模大、交易成本低的优势，成为地方政府实现适度规模经营的优选方式。在倡导市场主导资源配置的背景下，针对政府介入并推动农地流转的趋势，不应彻底否定或全盘接受，如何进行客观评价和合理优化才是关键。因此，要更多关注政府主导农地流转前后农户的收入、福利和生计资本的变化，这是评价与改进政府主导农地流转的必要条件。那么，政府主导的农地流转是如何对农户产生影响的，影响的程度有多大？政府主导的农地流转较之市场主导有哪些不同？引起农户收入、福利和生计资本变动的关键因素是什么？在家庭承包经营责任制度不变的框架下，能否通过设计农地流转新机制，兼顾提升农地流转效率和改善农户福利，从而实现政府与农户共赢？以上均是实践中亟须解决的重要问题。

因此，探究政府行为对农地流转市场和农地经营流转行为的影响、政策效应以及政策改进在农业供给侧结构性改革背景下具有重大的时代意义：一是为研究政府主导农地流转的政策效应提供新的视角。判断政府主导流转是否有效的最终归宿应该是微观层面的农地经营绩效，衡量经营绩效的重要指标包括“成本弹性”和“收入变化”，本研究正是基于这两项重要指标展开的，结合调研数据分析政府主导农地流转的政策效应，完善了对此类问题研究的方法。二是有助于揭示政府主导流转在政策效果和目标上发生背离的深层次原因。三是结合了大量的实地调研，为指导地方实

践，进行政策改进提供了有益的思路。

二、研究的目标与思路

本研究的总体目标是将理论分析与实地调研相结合剖析政府主导农地流转的价格形成机制，并通过测度成本弹性和收入变化来评估政策效应，进而对可能出现的政策偏差进行原因分析，最终为探索适合于农业供给侧结构性改革的农地流转提供新的思路和建议，具体而言主要有以下三个目标。

第一，在农业供给侧结构性改革背景下，探索政府主导农地流转的行为逻辑，分析为农地流转及农地经营带来的积极意义，以及承包户对农地流转的意愿与询价反应。

第二，探索分析在政府主导的农地流转的初衷下，是否切实提高了农地的配置率和劳动生产率，发展了规模经营。与市场自发的农地流转相比，哪种模式更有效率，是否产生了负面效应等相关问题。

第三，通过对政府主导农地流转模式的分析，构建市场配置和政府主导对农地流转价格影响的模型，运用经济学方法进行统计分析，在检验两种模式中农民流转意愿及利益博弈、规模经营效益、农地配置效率和劳动生产率等问题的基础上，得出结论，提出相关的对策建议。

研究思路是通过“研究准备——问题梳理——模型构建——政策改进”这一逻辑分析框架，运用理论分析、定量分析等研究方法，对政府主导的农地流转问题进行较为详细的研究。首先，进行文献分析、理论梳理、调查方案设计。其次，全面把握政府主导农地流转的现实背景和政策逻辑，剖析政府主导农地流转的应然性；通过调研数据和资料，就政府主导行为对流转市场的分割、价格机制的作用，承包户询价逻辑的激励及短期平均成本的影响进行分析，把握政府主导农地流转的价格机制，进而构建成本弹性模型，测度政府主导农地流转与农户自主农地流转的成本弹性，衡量其规模效益，同时从收益角度测度政府主导和市场主导农地流转对农户收入的影响。最后，根据成本弹性和收入变化的结果，评价政府主导农地流转的政策效应，并分析可能引发政策偏差的深层次原因，最终从转变政府职能，克服农地管理服务职能错位、越位等方面构建政策改进建议。

具体技术路线如图 1-1 所示。

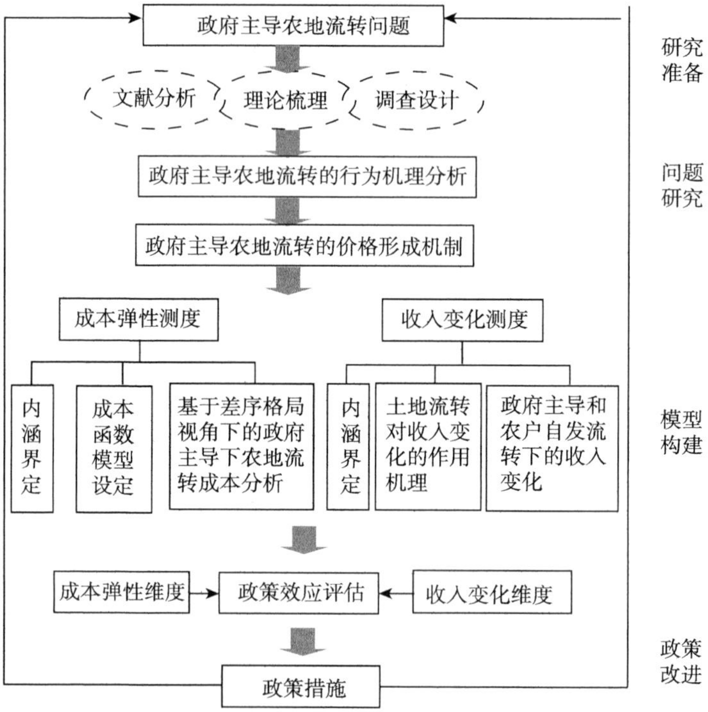

图 1-1　政府主导农地流转政策效应技术路线

第二节　研究内容安排

第一部分：文献综述与理论基础。首先，从农地流转的经济学分析、农地流转的模式及政策效应、政府主导农地流转政策效应的分析方法三个方面系统梳理了前人关于政府主导农地流转问题的研究成果。其次，确定本研究相关的理论基础，即土地产权理论、效率与公平理论、土地供给与

需求理论、理性选择理论和博弈理论。

第二部分：对农地流转进行一般性分析，重点阐明了农地流转政策的演进过程以及农地流转现状。在政策演进部分，将农地流转划分为允许自由流转阶段（1949—1952 年）、逐渐禁止农地流转阶段（1952—1978 年）、初步放开农地流转阶段（1978—2002 年）、法律规范农地流转阶段（2002—2007 年）和鼓励创新农地流转阶段（2008 年至今）。在农地流转现状部分，首先分析了我国农地流转现状，其次重点分析了内蒙古自治区农地流转实践及现状。

第三部分：阐明了政府主导农地流转的行为机理。从分析政府与市场的关系出发，引申出政府行为在农地流转中是不可或缺的，它所起到的作用是引领性的。然而，在现实中，农地流转中的政府行为常常表现为“越位”，或者“缺位”和“错位”，经常被农地流转的主体所诟病。为了全面深入地了解农地流转中政府行为的状况，本研究结合当前农业发展背景，对政府主导农地流转的利弊加以分析。

第四部分：从理论上比较分析政府主导农地流转的政策效应。本研究从政府主导农地流转引致“地租乘数”出发，逐步分析政府主导行为对农地流转价格机制的扭曲及其影响。运用供需曲线图示的方法，比较市场配置和政府主导对农地流转价格的影响，政府主导流转对农地经营短期平均成本的影响，以及政府主导农地流转推动买方垄断下询价策略对要素成本的影响。在价格形成机制分析的基础上，引入成本函数估计成本弹性，进而比较政府主导流转与农户自发流转下规模经营的成本弹性。首先选取变量并进行数据检验，其次构造成本函数模型，最后结合实地调研数据测度政府主导流转和农户自发流转模式下农地经营效应，即成本弹性。同时，本研究还进一步对差序格局视角下的政府主导农地流转成本进行了分析。

第五部分：政府主导农地流转下农户收入变化的测度。首先从理论上分析政府主导型与市场主导型农地流转对农户收入的影响机理，然后从转入户和转出户两个主体层面度量政府主导与市场主导下农户收入差异。利

用内蒙古东、中、西部农户的实地调研数据，运用双重差分倾向得分匹配法（PSM－DID）进行测度，选取政府主导下的农地流转作为“处理组”，市场主导下的农地流转作为“对照组”，通过控制时点差异因素和农户个体差异因素，比对农地流转前后处理组和对照组之间农户收入的差异，并最终测度政策净效应及其地区差异性。

第六部分：政府主导农地流转的政策改进。政府参与农地流转，对农地流转市场、制度建设、资源配置起到重要作用。但政府在制度变迁和社会变革转型中出现的不恰当的规制也会造成“政府失灵”，出现“缺位”和“越位”现象。针对形成的研究结论，提出以下政策启示。第一，明晰政府与市场边界，规范农地市场运行机制。第二，完善农地流转的治理体系，提高政府对农地流转的治理能力。第三，地方政府要积极履行公共服务职责。第四，构建稳定的农地流转制度环境。第五，创新农地流转管理服务制度，优化农地流转外部环境。第六，培育农地供需市场，加强现代契约精神对乡村“差序格局”的引导。第七，以市场供求为基础，建立健全农地流转价格机制。第八，对农地流转工作实施动态监测。

第三节　研究特色与可能的创新

第一，研究视角的创新。自20世纪六七十年代以来，农地流转问题就引起了学者的关注，并相继涌现出大量的研究成果。已有成果主要集中于农地流转的特征、规模、方式、驱动因素、收益分配、权益保障等方面，对政府主导农地流转的研究主要集中于农地流转中政府角色定位、政府执行力以及中介组织的作用，而对政府的行为分析较少。本研究从农地流转中政府行为的视角出发，探讨政府行为对农地流转市场和农地经营流转行为的影响、政策效应，并提出进一步规范政府行为的对策建议。此外，在研究区域的选择上，填补了边疆少数民族地区此类问题研究的空白。

第二，研究方法的创新。已有对政府主导农地流转的研究以定性描述

为主，缺少定量的分析。本研究将田野调查与计量经济方法相结合，在调研的基础上根据理论基础构建不同的经济模型，通过对政府主导农地流转模式的分析，构建市场配置和政府主导对农地流转价格影响的模型，运用经济学方法进行统计分析并作估计，使研究结果更加完善和全面。

第二章 文献综述与理论基础

第一节 文献综述

一、农地流转的经济学分析

农地流转是中国特色土地制度下的产物。国外相关方面的研究更多地体现为农地交易，具体研究主要集中在农地交易价格、农地交易市场、农地交易的影响因素等方面。科斯对农地制度进行较早研究，他认为：如果交易费用等于零，则不管农地产权制度如何，市场交易均能实现资源的有效配置；如果交易费用大于零，则不同农地产权制度安排具有不同的资源配置效率。Alchian 和 Demsestz（1973）对地权稳定性进行了研究。有关农地流转市场，Douglas C. Macmillan 从经济学的角度分析土地市场，认为土地可以在公开市场进行自由交易。但是在交易过程中会发生市场失效，造成土地利用的动荡，因此财政部门应支付政府干预市场的费用以弥补市场缺陷。由此可见，国外学者对农地流转的研究是从农地流转制度的表现特征、成效结果等方面论证的，未涉及政府主导农地流转模式的利弊分析。阿罗将交易成本分为两类：一是信息费用和排他性费用；二是设计公共政策并执行的费用。Deepal Lal 将交易费用分为与交换的效率有关的交易费用和与监督机会主义行为有关的交易费用。Kimura 指出，在中等收入水平国家，农村人口向城市转移非常活跃，此时构建功能完整的农地租赁市场对提高农民收入水平，促进农业生产发展至关重要。Mullan 指出，农地产权安全性的提升带来了农地征收风险的下降，导致农户保有更多的农地，进而降低农地流转规模。

农地交易价格主要集中在土地价格模型及土地价格影响因素分析。Chavas 等对土地动态价格模型进行了完善，在原有静态资产价值的模型基础上加入动态机制以及风险规避和交易成本。Lence 等、Chavas 等认为土地交易价格与农地交易模式相关，而其中的交易成本是导致价格不同的重要因素。John C. Panzar 和 Robert D. Willig 指出范围经济是指企业存在投入要素共享，生产多种产品时生产单位平均成本下降的一种经济现象。科斯认为，交易成本是利用价格机制的费用，即发现价格的费用。阿罗认为，交易成本是经济系统的运行成本。斯蒂格勒将交易成本概括为“人们从无知到无所不知的运输成本”，巴泽尔认为，交易成本是产权保护成本、契约成本及机会成本。Williamson 将交易成本比喻为经济世界中的摩擦力，并将交易成本分为事前交易成本和事后交易成本，“前者指草拟合同、就合同内容进行谈判及确保合同得以履行所付出的成本”。事后交易也包括四种成本：一是不适应成本；二是讨价还价成本；三是建立及运转成本；四是保证成本。

众多学者从不同角度研究发展中国家的农地市场，如中国、印度、坦桑尼亚等。Kung 将中国非劳动力市场与农地交易市场结合起来研究，认为中国农村改革 20 年后农地市场才初始化发展，并认为这种发展也刚好契合与非农劳动力市场的快速发展。Kironde 认为，非洲农地交易市场一直被忽略的原因大多来自政治方面，但民间逐渐显现的农地市场表明其存在的必要性，因此笔者提出，当地政府应帮助土地市场以更开放、更高效的形式存在。同时，农地信息平台的建立是让市场更可靠和高效的一个根本。Jin 和 Deininger 基于中国 9 个主要农业省份 8000 户农户的调查资料研究发现，村级农地调整规则抑制了农户参与农地流转市场，且有无土地承包经营权证书并不显著影响农户参与农地流转市场。

国内一些学者也曾对农地流转进行经济学分析，例如：张国锋通过理论研究和案例分析相结合的研究方法，在系统回顾土地流转相关理论和国内外研究成果的基础上，按照“供给—需求”分析框架对我国目前土地流转状况做了详细的分析，指出了我国农村土地流转的发展现状和存在的问题，进而借鉴国外农村土地流转经验和我国土地流转的成功案例，对完善我国土地流转提出政策建议；王丽华结合新政治经济学的研究方法，运用现代经济分析及技术工具对农村土地制度变迁进行探索性研究；张五常将交易成本与租约和农地流转量相关联分析，认为交易费用的增加会减少农地流转量。

二、农地流转的模式及政策效应分析

学术界在研究农地流转模式时，多数学者并未对农地流转模式与农地流转方式进行区分，表现为将农地流转方式等同于农地流转模式，即将转包、出租、转让、互换、反租倒包、入股等农地流转方式视为农地流转模式，这主要因为农地流转模式与农地流转方式存在交叉与重叠。例如，钱良信（2002）就将农地流转模式划分为转包模式、反租倒包模式、股份合作制模式、租赁模式、土地信托模式和土地置换模式六种。刘卫柏（2010）也将农地承包经营权转包、出租、互换、转让、入股、代耕、反租倒包、抵押继承等农地流转方式视为农地流转模式。少数学者对农地流转模式与农地流转方式进行了区分，将农地流转方式置于农地流转模式之中。易小燕（2010）将耕地流转模式划分为分散流转模式（转包、转让、互换、出租）和集中流转模式（反租倒包、股份合作、集体农场、抵押或四荒地拍卖），在耕地流转“非粮化”倾向的背景下，又将农地流转模式归纳为龙头企业带动流转模式和大户规模化集中流转模式（转包、转让），以及专业合作社集体经营模式（租赁、承包股份合作）。吴晨（2012）依据农地流向主体将农地流转模式划分为农业龙头企业流转模式、农民专业合作社流转模式和普通农户流转模式。曾福生等将农地流转模式总结为集体组织主导模式（股份合作、两田制）、民间自发型（互换、代耕）以及资本主导型。

对于农地流转的政策效应，多数学者将其大致分为正向效应和负向效应两类，但也有学者从不同的角度进行研究，如于传岗（2013）基于地方政府流转土地治理绩效的经济学分析，着重分析了政府流转土地的内在路径与特征，以及流转成本与治理绩效，他从农业经济、农民生活水平、农民人权保障、社会和谐、流转制度对环境适应效率五个方面概括了土地流转的绩效。还有部分学者对农地城市流转负外部性进行了研究，喻燕、蔡银莺、牛海鹏、宋敏、李霜和张安录、陈竹等认为农地利用效益体系中的生态和社会效益具有强烈的外部性，而农地流转为城市建设用地时，并未考虑这一损失。李晓云（2007）提出农地城市流转决策应考虑社会群体福利的改善和代内、代际资源的分配与延续，主张对农地城市流转的负外部性予以量化，并应用于决策。宋敏（2009）认为农地城市流转存在额外交通成本损失、污水排放、对周边农村居民农业经营行为产生负面影响等负外部性，对其的忽视降低了土地资源的配置效率。陈竹等（2010）在前人的研究基础上将农地城市流转的负外部性分为治安状况变差、自然景观破坏等七类，并提出应区分农地城市流转外部性的发出区域和接受区域。李霜和张安录（2014）认为农地城市流转存在空气质量下降、噪声污染、水质污染、社会治安下降、垃圾堆积、生态环境破坏、农田污染七个方面的外部成本。陈伟和王喆（2014）则从价值构成的角度，将粮食安全价值、生态保护价值、社会保障价值等归纳为农地的外部性价值。

三、政府主导农地流转政策效应的分析方法

目前，学术界对于政府主导农地流转政策效应的研究较少，分析方法主要集中于两方面：一是从定性分析的视角讨论政府主导农地流转模式的特征、原因及改进；二是借助定性、定量相结合的方法测度政府主导农地流转的政策效应，其中以农户收入作为测度视角的研究较为集中。田先红、陈玲沿着地权研究的社会学视角，提出从“产权的社会建构逻辑”到“产权的社会结构逻辑”转换的思路，并侧重从阶层的角度来理解地权配置问题，指出基层政治精英和大户从规模流转中受益，纯农户则因土地转

出而收入状况变差。焦长权、周飞舟将乡镇政府推动资本下乡这一独特的社会经济现象放在政府与企业的关系下加以考察，发现土地流转的具体过程主要是村委会以合作社的身份通过动员的办法进行，乡村干部和企业在农地流转中获得巨大利益，各种惠农政策也都被企业得到，农民利益的实现途径非常有限，应该对下乡企业加强资格考察，加强行为规范，加强监管、监察。

陈小知、胡新艳基于“地权界定方式——资源属性——农地流转”的分析线索，利用农户问卷数据并采用双稳健估计的 IPWRA 模型，比较分析不同的确权方式所对应的农地资源属性以及由此导致的农地流转的差异性效应。贾书楠（2017）运用结构方程模型对关中—天水经济区涉及政府大规模流转县（市）的 467 个转出农户样本进行实证分析，研究政府主导的农地流转对农户福利究竟产生了怎样的影响以及如何改进政府主导的农地流转。孙小峰（2015）借助 Matlab 软件，采用自适应神经模糊网络系统（ANFIS）构建了递阶 ANFIS 的农地流转对资源整合的效应评价模型，用以评价研究三类农地流转模式对其资源整合的效应。王雪琪等（2018）主要从地方政府主导农地流转对农户转入规模与粮食单产的影响来测度政府主导流转土地是否合理，利用江苏省种粮大户的调研数据，采用多元回归模型，实证检验了地方政府主导下农地流转对农户转入规模与粮食单产的影响，并分析其与农户自发流转的影响差异，认为地方政府主导农地流转能够降低交易成本但其农户粮食单产低于自发流转农户，因此，地方政府在推动农地流转过程中应强化服务功能，完善保障监管措施。赵璟（2018）基于河南省南阳地区的农户调研数据，通过构建两种类型的农地流转对农户农业生产长期投资影响的计量模型，采用工具变量法的两阶段最小二乘法对模型进行估计，发现政府主导型农地流转的农地经营权更加稳定，农地规模经营面积和农业生产效率也更高，其进行农业生产长期投资的意愿和水平均显著高于农户自发型农地流转，在政府主导作用下，流转交易成本显著降低，更有利于实现农地规模化和专业化生产经营，进而提高转入土地的农户农业长期生产投资的积极性。廖沛玲等（2018）以关中—天水经济区659户政府主导型农地流转为例，从阿马蒂亚·森福利经济学理论出发，运用模糊评价法、博弈论组合赋权法与福利差异指数探究农地转出前后农户福利变化及差异，认为政府主导型农地流转应围绕全面提升农户福利、进一步缩小区内差异、继续保持区间同步发展三方面进行完善及改进。更多的研究表明，政府推动下的农地大规模流转对不同农民阶层利益的实现有很大区别，低收入、纯农户和非农就业能力较差的农民阶层往往成为利益受损的群体。翟黎明（2018）依据角色定位、过程管理和保障监管差异划定了政府介入农地流转的不同场景，从农户可持续生计资本视角，利用两期截面数据，采用双重差分倾向得分匹配法（PSM-DID）对政府不同介入场景下农地流转的实施效果进行评价，研究结果表明：当前政府介入农地流转并不能给农户生计带来显著改善，甚至有轻微的负效应；相比于中介型项目，政府转入农地后若主导开发，会降低农户的物质资本和社会资本，同时提升农户的自然资本；有书面契约的和合同可修改的政府流转项目对保障农户生计有显著的正效应。

第二节　理论基础

一、土地产权理论

马克思的土地产权理论是一个科学的理论体系，其主要包括土地产权权能理论，土地产权结合与分离理论，土地产权制度及其变迁理论，土地产权商品化、配置市场化理论。上述理论对指导我国土地产权制度改革具有重大理论意义和深远现实意义。

1. 土地产权权能理论

马克思笔下的土地产权权能是指由终极所有权及所有权衍生出来的占有权、使用权、处分权、收益权、出租权、转让权、抵押权等权能组成的权利束。吴易风研究认为，这种权利并不是一种单一的权利，而是一组权利的结合体。周诚把土地所有权划定为一级所有权，其他则是二级权能。

洪名勇认为，土地产权包括终极所有权以及所有权衍生出来的其他多种权能。本研究认为土地产权权能的核心是所有权，其最大特点是排他性。当全部土地产权权能集中由一个产权主体行使时，是完全的土地所有权；当除土地所有权以外的其他权能从土地产权内剥离出来并集中由另一个产权主体行使时，是经济意义上的土地所有权或事实上的土地所有权。

2. 土地产权结合与分离理论

所有的土地产权权能都既可以全部集中起来，由一个产权主体行使，又可以从中分离出一项或几项权能，独立运作。其基本原则是：分离和独立后的土地产权既要在经济上获得实现，又要使土地产权的分离和独立形成新的经济关系。归纳起来，主要有以下三种典型形式：一是土地终极所有权、占有权、使用权、收益权、处分权等权能结合在一起，由一个产权主体行使。二是在土地私有产权制度下，土地产权中的一项或几项权能与土地终极所有权相分离并独立运作。三是在土地公有产权制度下，土地终极所有权与使用权、占有权的分离，从而形成土地所有者与使用者、占有者的分离的多元化土地产权主体格局。

3. 土地产权制度及其变迁理论

土地产权制度及其变迁理论。马克思以他同恩格斯创立的唯物史观作为基本方法对土地产权制度及其变迁进行了科学的论述，形成了马克思土地产权理论的重要内容。马克思认为，人类社会的第一种土地产权制度是原始的土地公有产权制度，土地私有产权制度是在此基础上发展起来的。土地产权制度由原始公有演变为奴隶制私有、封建私有、资本主义私有、社会主义合作社——集体所有、国家所有和共产主义无土地产权制度的过程，是土地产权制度自身不断扬弃和发展的过程。其中，共产主义土地产权制度是土地产权制度发展的方向和最高阶段。

4. 土地产权商品化、配置市场化理论

一方面，人类生产和生活离不开土地，取得土地的有关权能是使用土地的前提，这就使得这部分权能容易被当作一种商品来进行交易；另一方面，土地有关权能的有偿使用的情况实际上已经表明了土地产权的商品化。土地产权商品化理论为土地产权配置市场化提供了理论基础。马克思认为，由于土地是固定的，土地市场配置的实质是土地产权的市场配置，土地产权可以“借助于商品的各小部分的所有权证书，商品能够一部分一部分地投入流通”。同时，由于地租的作用，土地产权不仅丧失了不动产的性质，而且变成“商品”进入市场，通过市场机制与其他财产进行优化重组。

农地流转实质是农地产权的流转及因产权的流转而产生的收益的变动。因此，研究我国农地流转问题不可避免地会涉及土地产权理论。虽然我国当前的法律和政策对农地承包经营权进行了物权规范，但现实中我国农地承包经营权仍然缺乏明晰性、排他性、安全性，这对我国农地合理有序地流转产生了极为不利的影响。首先，不完全的农地承包经营权降低了农地经营收益和交易价格，从而增加了农地交易成本，最终减少了农户的农地需求和供给。其次，由于农地产权的弱排他性，很多有流转意愿的农户，害怕流转农地后无法收回，导致农地流转发生的概率降低。最后，新形势下中央提出了农地三权分置：所有权归集体经济组织，承包权归农户，经营权可以自由流转，这是继家庭联产承包责任制后农村改革的又一重大制度创新。

二、效率与公平理论

对于公平与效率的关系问题，理论界有不同的声音，归纳起来，主要有三种观点：一是效率优先论，二是公平优先论，三是效率与公平兼顾论。效率优先论者认为，只有自由竞争的市场机制才能实现公平，反对国家行政干预。厉以宁和黄泰岩认为，我国国情决定了相当长的时间内不能动摇“效率优先，兼顾公平”的原则，改革中出现的公平与效率间的矛盾只能在效率优先的前提下通过发展解决。例如，优先发展东部沿海地区，先富带动后富等，在效率优先的前提下，首先实现一部分地区的富裕，从而带动整体的发展。而公平优先论者认为，人们在机会上存在不均等现象，分配不公会降低人们积极性，从而导致效率下降，由于市场本身存在缺陷，只有通过政府的干预才能实现公平分配，提高效率。因此要求加大社会中再分配，在按劳分配的基础上提高人民后续保障，实现社会的相对公平，减少贫富差距是公平优先论者的主要主张。效率与公平兼顾论者认为，最有效率的市场制度，同样会产生极大的不平等。当市场制度不能保证最低生活标准时，强调政府应该干预市场，向低收入者提供消费补贴，在实现效率的基础上最大限度地保障公平。

土地制度变迁有两个重要诱因，即公平诱因与效率诱因。公平诱因是指土地制度的公平状态被打破时，土地权利的配置朝着更加公平的状态变动的原因和动力。效率诱因是指土地制度供求平衡状态发生变化时，由于土地权利变动，使制度变迁收益超过土地变迁成本，即出现制度利益增加时，土地权利变动朝着效率更高的方向变动的原因。从我国历史上土地制度的变迁来看，大多数是公平诱因型变迁，但新中国成立后我国农地制度变迁则是效率诱因型变迁和公平诱因型变迁共同作用的结果。地方政府在统筹农地流转的公平与效率时职能错位，以致“有形之手”难以弥补市场“无形之手”的缺陷，解决公平与效率问题往往顾此失彼。如何实现地方政府职能归位，不仅关系到农村土地流转目标能否实现，而且关系到政府职能转变、经济发展方式转变及“三农”问题的解决。

三、土地供给与需求理论

市场供求与价格的关系，首先是市场价值或生产价格决定价格，价格调节着市场供求关系，而市场供求关系反作用于价格，成为支配或影响市场价格形成与运动的基本因素。因此，它们相互影响、相互制约。

1. 土地供给

土地供给就是指可利用土地的供给，即地球所能提供给社会利用的各种生产和生活用地的数量。土地供给按性质可分为自然供给和经济供给。土地自然供给的数量是固定不变的，它不受任何人为因素的影响，因此它是无弹性的供给。土地的经济供给是指在土地自然供给的基础上，投入劳动进行开发以后，成为人类可以直接用于生产、生活各种用途的供给，是个变量。例如，土地的总面积是基本不变的，但是可通过因地制宜地使用土地，加大对单位土地的投入，使得土地生产率提高，从而增加经济供给。

2. 土地需求

根据西方经济学的定义：需求是指消费者在某一特定时期内，在每一价格水平上愿意而且能够购买的某种商品量。影响需求的因素包括价格、收入、消费偏好与预期。土地是特殊的商品，所谓土地需求就是指人们必须有赖于和利用土地作为各种生产和生活用途，以求得人类社会的生存和发展。

3. 土地供需平衡

土地供需平衡是指土地经济供给与人们对特定用途土地的需求之间的均衡关系。土地作为一种特殊商品，既受一般商品供求规律的制约，又有与一般商品不同的特殊供求形式。土地供求平衡是相对的、暂时的，而不平衡是绝对的。由于我国土地稀缺，人口众多，人地矛盾突出，所以导致地价总的趋势是上升的。

市场配置资源的优势在于供求双方制衡下的均衡价格形成，这是供求双方耦合共生合力作用的结果。然而，政府主导行为的介入使得这一制衡成为“失衡”，承包户不再为流转价格“询价”而担忧，反而成为其保障“财产性收入”甚至增收的一种渠道。增加的溢价和所造成农地流转市场买卖双方的失衡，恰恰是当下农业“供给侧结构性改革”的重点，其根源还是政府与市场在资源配置中的定位和作用问题。

四、理性选择理论

农户是农地经营的主体，是农地流转中最基本的供给者和需求者，在对是否流转、以何种方式流转做出选择前，他们要对经济利益、家庭状况、社会文化等因素进行综合分析与判断，其最终决策及行为是否理性会对农地流转的进行产生重要的影响。因此，理性选择理论是农户农地流转研究的重要理论。美国社会学家科尔曼从个体行动者和法人行动者出发，整合宏观主义和微观主义的观点来分析和阐述理性选择理论，成为理性选择理论最为杰出的代表。行动系统、行动结构、行动权利以及社会最优四组概念是理性选择理论的基础；人们的理性行动总是在一定规范指导下的行动，因此，人们应当对社会规范展开彻底批判；理性选择理论不仅要分析个别行动者的行动，也要能够从微观分析上升到宏观分析。科尔曼的理论是建立在大量假设基础上的，而这些假设在现实条件中很难完全成立，所以不可避免地会存在一些缺陷。为此，阿罗、西蒙等学者对完全理性理论进行了修正：阿罗首次提出了“有限理性”的概念；西蒙认为人们做出的选择并非以“最优”为标准，而是以“最满意”为标准的。

农户的农地流转行为是不可能达到完全理性的，因为农地流转是一种经济行为，更是一种社会行为。一方面，因为我国农地仍然具有较强的保障功能，所以农户对农地流转一般会有后顾之忧，即使流转后能获得很大的比较利益，也不愿把农地全部流转出去；另一方面，亲情或友情因素、个人性格因素、传统习俗因素、从众心理等也会影响到农地流转的进行。政府主导型农地流转对于农地流转的价格显化、契约规范化、交易非人格化具有显而易见的强化效应，政府介入能够稳定市场、提供交易信息、制定规范市场交易规则，节约交易成本，以契约关系取代“关系型人情市场”，在一定程度上会克服农村“乡土社会”人情关系对于农地流转的负效应。

五、博弈论

博弈论又被称为对策论，既是现代数学的一个新分支，也是运筹学的一个重要学科，是研究决策主体的行为发生直接相互作用时的决策以及这种决策的均衡问题。在运用博弈论分析决策者做出的战略选择时，决策者行为的选择不仅依赖于自己，而且也受他人选择的影响，他们之间的策略是相互依赖的。每个决策者都企图预测其他参与者的可能抉择，以确定自己的最佳策略。所以，各决策者战略选择是相互影响的，而且也可能是反复的，使得最终会达到各个决策者的利益最大的结果。但是，这种结果怎样以及效果怎样，取决于很多条件，如博弈的规则、各策略主体是否掌握对方的真实信息及掌握了多少信息、各策略主体对其他局中人行为的判断能力等。

博弈论的研究领域非常广泛，它不仅用来分析经济学现象，而且正日益渗透到政治学、社会学等领域，成为社会科学研究范式中的一种重要工具。博弈论开始于 1944 年由冯·诺依曼和摩根斯坦恩合作的《博弈论和经济行为》一书出版，到 1953 年，随着“纳什均衡”的提出，博弈论才正式成为一门学科，随后大量的学者对博弈论展开了研究，由完全信息到不完全信息，由静态博弈到动态博弈，博弈论逐渐成为主流经济学的一部分。

博弈论的基本概念包括参与人、行动、信息、战略、效用、结果和均衡。参与人指博弈中的行为主体；战略是指参与人行为的规则，即在博弈进程中，什么情况下选择什么行为的预先安排；均衡是所有参与人的最优策略或行动的组合。一般认为，博弈主要可以分为合作博弈和非合作博弈；根据行为的时间序列性，博弈可分为静态博弈、动态博弈两类；按照参与人对其他参与人的了解程度又可分为完全信息博弈和不完全信息博弈。

政府主导农地流转的过程是各方参与主体间的利益博弈过程。基于博弈论，农地流转要求在尽力满足各参与主体经济利益的条件下，实现效益最大化的纳什均衡。当然，参与流转的各利益主体存在双方地位不平等的现实情况，其中农民议价能力的高低、流转价格的制定以及政府采取何种行为推动农地有序流转都是要研究的问题。

第三章　农地流转的一般性分析

第一节　农地流转政策的演进过程

第一，允许自由流转阶段（1949—1952 年）。新中国成立后，我国通过土地改革，废除了封建地主土地私有制，建立了农民土地私有制，为土地的合理流动创造了良好环境。按人口平均分配土地的“耕者有其田”政策，使土地、劳动力等生产要素得到有效结合，且可以通过土地等生产要素的流转实现资源优化配置。1950 年颁布实施了《土地改革法》，规定“土地改革完成后，由人民政府发给土地所有证，并承认一切土地所有者自由经营、买卖及出租其土地的权利”。在这个阶段，农户与农户间土地流转是自由的。1951 年 2 月 2 日，政务院《关于 1951 年农林生产的决定》明确提出，新解放区在土地改革完成后，立即确定地权，颁发土地证，为土地流转提供了完善的法律基础和制度保障。由于新中国成立后户均农地规模小，特别是生产力水平低，生产工具极度缺乏，劳动力是农户家庭及生产中的主要依靠。一遇天灾人祸，便只能出卖唯一的土地，贫富两极分化苗头在农村开始出现。

第二，逐渐禁止农地流转阶段（1952—1978 年）。土地改革后，农村出现了两极分化和资本主义倾向，这一时期的政策重点是在互助合作内部开展逐步限制土地买卖和租佃，政府通过思想教育、合作化运动、人民公社化运动等方式逐渐禁止了农地流转。1953 年下半年，从过渡时期总路线提出前后到合作化运动高潮前，中共中央和各级政府虽然承认土地买卖、租佃的合法性并允许其存在，但不断利用互助合作运动及办合作社来减缓土地流转。后期到了高级社、人民公社阶段，土地的产权制度已发生了重大变化，农民的土地实际已经收归集体所有，由集体统一经营使用，入社的土地已不能出租和买卖，因而彻底消除了土地买卖、租佃关系存在的产权基础，“有权自由经营、买卖和出租”的规定已经名存实亡，农村土地已没有市场化流转的可能。

第三，初步放开农地流转阶段（1978—2002 年）。“文化大革命”以后，中国在各个领域进行改革，家庭联产承包责任制的诞生拉开了新时期中国农村土地改革的序幕。1983 年中共中央颁发了《关于印发〈农村经济政策的基本问题〉的通知》，全国农村开始普遍推行包干到户，实现了土地所有权与使用权的分离。这种模式在保留了农地集体所有权的基础上确立了农户的独立经营权，农村土地流转出现了松动的萌芽。1984 年“中央一号”文件《关于一九八四年农村工作的通知》明确规定，“土地承包期一般应在十五年以上”“在延长承包期以前，群众有调整土地要求的，可以本着‘大稳定、小调整’的原则，经过充分商量，由集体统一调整”“鼓励土地逐步向种田能手集中，社员在承包期内，因无力耕种或转营他业而要求不包或少包土地的，可以将土地交给集体统一安排，也可以经集体同意，由社员自找对象协商转包，但不能擅自改变向集体承包合同的内容”。政府开始有条件地允许农地流转，这一较大的突破为土地承包经营权走向市场化奠定了基础。1986 年中央一号文件明确提出，要发展适度规模经营，“随着农民向非农产业转移，鼓励耕地向种田能手集中，发展适度规模的种植专业户”。1987 年，国务院批准了某些沿海发达省份就土地适度规模经营进行试验，使土地经营权流转突破了家庭承包经营的限制，开始进入新的试验期。

1988 年 4 月 12 日的《中华人民共和国宪法修正案》中，将第十条第四款修改为“任何组织或者个人不得侵占、买卖或者以其他形式非法转让土地。土地的使用权可以依照法律的规定转让”，从而在最高法层面允许土地流转。同年12月29日又修订了《土地管理法》，修改后的《土地管理法》第二条第四款规定“土地使用权可以依法转让”，从而为土地流转提供了法律依据。1993年11月，《中共中央 国务院关于当前农业和农村经济发展的若干政策措施》指出：“在坚持土地集体所有制的前提下，延长土地承包期，允许继承开发性生产项目的承包经营权。允许土地使用权依法有偿转让，少数经济比较发达的地方，本着群众自愿的原则，可以采取转包、入股等多种形式发展适度规模经营，提高农业劳动生产率和土地利用率。”这一规定明确了可以以继承、转包、入股等多种方式流转土地承包经营权。

第四，法律规范农地流转阶段（2002—2007年）。2002年颁布的《农村土地承包法》全面确立了农民流转土地承包经营权的权利，并规定了详细的流转规则和程序，从而使农民流转承包地的权利具有了法律保障，而且极大丰富了流转的方式。2005年农业部出台的《农村土地承包经营权流转管理办法》对农地流转进行了较全面的规范，对流转的原则、当事人权利、流转方式、流转管理程序、流转合同等进行了具体规定，将农地流转纳入了法制轨道。2006年，《中共中央 国务院关于推进社会主义新农村建设的若干意见》进一步指出：“统筹推进农村其他改革，稳定和完善以家庭承包经营为基础、统分结合的双层经营体制，健全在依法、自愿、有偿基础上的土地承包经营权流转机制，有条件的地方可发展多种形式的适度规模经营。”农村承包地在农户间自由流转有了较为完善的法律依据。

第五，鼓励创新农地流转阶段（2008年至今）。农地流转取得合法地位后，流转规模迅速扩张，政府进一步鼓励引导农地承包经营权的流转，并对政策不断创新改革。2008年党的十七届三中全会的决定指出，“加强土地承包经营权流转管理和服务，建立健全土地承包经营权流转市场，按照自愿有偿原则，允许农民以转包、出租、互换、转让、股份合作等形式流转土地承包经营权，发展多种形式的适度规模经营”。2014年中央一号文件进一步指出：“稳定农村土地承包关系并保持长久不变，在保持和完善最严格的耕地保护制度前提下，赋予农民对承包地占有、使用、收益、流转及承包经营权抵押、担保权能，允许农民以承包经营权入股发展农业产业化经营。鼓励承包经营权在公开市场上向专业大户、家庭农场、农民合作社、农业企业流转，发展多种形式规模经营。”

2018 年，我国修订《农村土地承包法》，明确规定“国家保护集体土地所有者的合法权益，保护承包方的土地承包经营权，任何组织和个人不得侵犯。承包方承包土地后，享有土地承包经营权，可以自己经营，也可以保留土地承包权，流转其承包地的土地经营权，由他人经营”，赋予农地经营权以合法性，明晰了集体成员的土地承包权利。该时期的农地流转政策具体内容主要是在不断探索和丰富“三权分置”的具体实现形式，依法推进农地经营权有序流转，我国农地流转改革开始步入一种全新的局面。

第二节　农地流转现状

一、我国农地流转概况

我国农村土地流转事业自 20 世纪 80 年代中后期兴起至今已经历了近 40 年，但其发展并不顺畅。虽然农地流转的面积和比重逐年增加，但农地流转进展仍然较为缓慢，相对于中国 1.5 亿农村劳动力转移规模而言，农地流转的比重仍较小。根据农村政策研究室已有调查，截至 1984 年底，转出农地的户数占总承包户数的 2.7%，转出的耕地只占总耕地的 0.7%；1984—1992 年，全国农村固定观察点调查资料显示，完全没有转出过耕地的农户比重达 93.8%，转出一部分耕地的农户比重仅占 1.99%；1993 年抽样调查表明，1992 年全国共有 473.3 万承包农户转包、转让农地 1161 万亩，分别占承包土地农户总数的 2.3%和承包地总面积的 2.9%。在二轮承包期，农村土地流转的速度仍较缓慢，1995 年农业部农研中心对全国近 3 万农户进行了抽样调查，在全部样本中，有 4.09%的农户将自己承包的一部分土地转包给他人经营，只有 1.99%的农户转出了全部承包地。近年来，随着《土地承包法》和《农村土地承包经营权流转管理办法》的出台与修订，农村土地的流转速度开始加快，2003年农业部在农村固定观察点对全国东、中、西三大区域的20842户的抽样调查显示，全国土地流转面积占总耕地面积的9.1%，其中，东、中、西三大区域分别为9%、11.6%、3.86%。到2011年底，农村土地流转总面积已达到家庭承包土地面积的17.84%，截至2018年底这一比例增长到了33.8%。

就农地流转方式而言，从时间上看，20世纪80年代到21世纪初，农地流转方式主要为转包和出租；从空间上看，各地的农地流转大都以转包和出租为主，如浙江、黑龙江，以这两种方式流转耕地的面积占总流转耕地面积的80%。2018年《中国农村经营管理统计年报》显示，2018年以这两种方式进行流转的农地面积占总流转面积的81.09%。进入21世纪以来，新型农地流转方式日益被广泛使用，如作价入股等。有数据表明，截至2018年底，以作价入股的方式进行流转的农地占流转农地总面积的8.15%。但受制于各地区社会经济发展条件的差异，农地流转方式存在较大差别，作价入股等新型流转方式主要发生在经济较发达地区，如广东、江苏等地，东北、西北等地的农地流转仍然以转包为主。

就农地流转主体而言，大多数省份的农地流出方主要是农民，仅有少数是村集体作为农地流出方的情况；农地的流入方也主要是农民，但受农户追求更高收入的驱动，农业企业、合作社以及其他组织作为农地流入方的情况越来越普遍。通过对多个省份农地流转主体及行为的分析，发现我国农地流转在选择流入方时表现出了较为明显的“差序格局”，即流出方在流转土地时会自觉遵循“先本村或者本区域后外村或者外区域，先亲戚朋友后他人”的原则，且流转土地的数量会依次减少。

截至2018年底，农地流入农户的面积为30816.9万亩、流入合作社的面积为12111.0万亩、流入企业的面积为5558.0万亩、流入其他主体的面积为5413.7万亩，这也表明我国农业的主要经营形式仍是家庭经营。但各地区农地流转的去向却存在差异，例如：北京、上海、江苏的农地主要流向了非农户，其中，北京的农地主要流向了企业和合作社，上海、江苏的农地则主要流转给了合作社；而新疆、黑龙江和吉林等地的农地主要流转给了农户。这种各地区农地流转去向不同的情况说明：在地少人多、非农业发达的地区，农地的经营形式基本实现转变，组织化经营逐渐成为一种主导；而在地广人稀、非农业欠发达的地区，传统的农户经营仍是农业的主要经营形式。

就农地流转主导模式而言，主要是市场主导型和政府主导型，前者是我国农地流转的主要模式。据不完全统计，截至2018年底，以市场主导流转的土地占全国家庭承包经营面积的85.34%，而以政府主导流转的农地比例为14.66%，总体来看，农民对于政府主导农地流转的模式是接受的，且这一比例在逐年提高。当然，各地农地流转的主导模式存在差异，整体而言，经济较落后且人均农地面积较大的中西部地区政府主导模式的比例较高，而经济发达且人均土地面积较小的东部地区则更倾向于市场主导。

就农地流转期限而言，我国整体上是以中期（1~5年，不包括1年的情况）和长期（5年以上）为主，短期（1年及以下）流转的农地面积所占比例偏低。据统计，2018年我国农地流转所签订的合同，流转期限为中期的合同占比为51.4%，长期的占比为30.7%，剩余的17.9%为短期合同。农地流转期限由于各地区社会经济条件以及农民思想观念的不同也存在明显差异，经济发达的东部地区由于土地价值高且城镇化发展速度快，其农地流转期限一般低于中西部地区，但就整个国家而言，流转期限为中期的情况居多。此外，短期农地流转现象近年来不断减少，主要有三个方面的原因：一是国家和地方各级政府大力倡导农地的中长期流转，以便更好地对农地进行投入和生产，实现和稳定农地的规模经营；二是农地流出方进行农地的短期流转不仅收入甚微，而且风险偏高，所以更愿意进行中长期的农地流转，以增加收入、降低风险；三是农地流入方更愿意接受中长期的土地流转，这样他们可以更有信心对农地进行投资，且对未来的收入有所预期。总体来看，我国目前的农地流转期限是以中长期为主，中期更为普遍，国家和地方各级政府应当继续鼓励农地流转双方尤其是农地的流出方进行长期的农地流转，从而使得农地投资更为充足，规模经营的状况更为稳定和持续，从而增加农民收入，促进农村经济发展。

综上所述，我国农地流转具有与其他国家和地区不同的特点，但总体上适应我国农业发展的实际，尽管目前仍然存在不少问题，但近40年发展实践表明，农地流转确实促进了农地规模化经营，加快了农业现代化的步伐。

二、内蒙古自治区农地流转的地方实践

自国家倡导农地流转，大力推进农地规模经营以来，内蒙古自治区各地各级政府部门陆续出台了一系列激励性的政策与措施来推动全区农地流转工作的进行，如对流转农地的农户给予经济补贴，对转入农地的农户给予技术培训等。

2018年《中国农村经营管理统计年报》统计，内蒙古耕地面积为11225.0万亩。截至2018年底，内蒙古全区耕地流转面积为3808.0万亩，占家庭承包面积的33.9%；流转土地的农户数为113万户，占家庭承包经营农户的30.34%，其中转包和出租共3485.7万亩，转让176.5万亩，互换100.5万亩，作价入股为10.4万亩，其他形式为34.9万亩，流转方式以转包、出租为主，二者之和占到了流转总面积的91.54%。从2018年的流转情况看，流转入农户的面积为2567.7万亩；流转入专业合作社的面积达551.9万亩；流转入企业的面积达459.3万亩；流转入其他主体的面积为229.1万亩。据内蒙古农牧业厅统计数据，2018年内蒙古自治区农地流转合同中，流转期限为短期合同的占比为14.1%，中期合同的占比为53.5%，长期合同的占比为32.4%。综合2014—2018年内蒙古农地流转数据来看，农地流转的特点表现为：第一，就农地流转方式而言，各盟市农地流转方式较单一，以转包与出租方式为主，这与全国情况基本一致。第二，就农地流转主体而言，农地流出方和流入方均以农户为主，流转耕地仍以农户家庭承包经营为主，农地规模经营的面积和程度仍有待提高，但流入方多样化的趋势日益显著，使得土地流转去向的结构日趋合

理。第三，就农地流转期限而言，以中长期为主，中期情况更普遍。第四，就农地流转主导模式而言，与全国多数地区类似，以市场主导型为主要模式，但政府主导农地流转的现象渐增。这主要是因为市场主导模式存在两方面的困境，其一，某些地区的农户即使为同村人却相距较远，交流不便，不仅使农户之间的农地流转行为受阻，也使成立专业合作社进行农地流转的行为受阻；其二，某些地区的农村距离城镇较远，使村庄引进农业企业实现农地流转和规模化经营的行为受阻。第五，与全国其他地区相比，内蒙古政府主导农地流转的程度相对较高，但各地各级政府在整个农地流转过程中存在缺位和越位的问题，缺位表现为农地流转市场不完善、农地流转服务体系建设滞后及缺乏有效的管理制度；越位表现为强迫农户流转土地、规定农地流转价格等。

为了进一步阐明内蒙古自治区农地流转尤其是政府主导农地流转的情况，研究团队进行了较为详尽的实地调研，现选择三个较为典型地区分析如下。

1. 敖汉旗牛古吐乡

敖汉旗把农地流转作为加快现代农业发展步伐的有力抓手，依托龙头企业、农民专业合作社等新型农业经营主体，加大政策扶持力度，加快了农村土地流转步伐，促进了适度规模经营。具体措施主要有四点：一是引进龙头企业促进土地流转。通过制定各种优惠扶持政策，引进培育金沟农业、大鸟鹅业等产业化龙头企业 15 家，引导企业发挥资金、技术优势建设示范园区，推行规模化、标准化生产，实现土地流转 9 万亩，占流转土地总面积的 1/3。有效提升了土地集约化利用水平，达到了企业盈利和农民增收两促进。二是吸引内外地客商促进土地流转。通过吸引具有种养殖经验的外地客商，建成了一批标准化养殖小区、杂粮管理示范点和蔬菜生产示范小区，实现土地流转 9 万余亩；培育种植规模在 500 亩以上的农户达 75 户，自治区级龙头企业 10 家、市级龙头企业 5 家，特色项目区土地亩产值是普通经营土地亩产值的 5 倍。三是发展合作组织促进土地流转。鼓励农民以土地承包经营权入股组建合作社，由合作社整合生产要素，组织生产经营。目前，在工商管理部门登记注册的农民专业合作社1450家，规模经营土地达4万余亩，带动20余万农户从事产业化生产。四是培育产业大户促进土地流转。坚持把培育农村产业大户作为引领发展产业的重要举措，通过政策引导、资金倾斜等方式，培育产业大户及带头人1500余人，签订流转合同的面积达21万亩，占流转总面积的70%，有力地促进了土地、人力资源的优化配置。

最引人注目的是敖汉旗牛古吐乡跟随国家农村土地流转的步伐，走出了一条"土地流转+特色产业"的具有本镇特色的助力脱贫攻坚新路。政府积极探索党员示范带动型、返乡能人带动型、土地入股合作流转型等"多位一体"的土地流转模式，引导农村土地承包经营权合理、有序、适度流转，内培外引大力发展中药材种植特色产业，形成了以"贫困户+种植大户+专合组织"为主导的完整的利益链接，通过"党员示范+大户带动+专合社推动"等方式，建设脱贫奔康产业园，促进农业产业结构调整，增加群众收入和集体收入。例如：敖汉旗牛古吐乡培养以村支部书记、第一书记、村委会主任等5名党员为示范户，承包流转土地种植中药材180余亩；鼓励1户大承包户流转土地种植中药材330亩，带动65户贫困户自主种植中药材100余亩、200余户非贫困户自主种植中药材300余亩，辐射带动全镇15个村种植中药材2万余亩。2018年，敖汉旗牛古吐乡通过"土地流转+特色产业"助力脱贫攻坚流转土地4.2万亩，中药材种植达到3万亩以上，带动贫困户234户，共564人，人均增收1200元。

2. 兴安盟

近年来，兴安盟境内的绝大部分旗县的县乡级农牧业经营管理部门依据"依法、自愿、有偿"的基本原则，积极鼓励和引导全盟农村牧区土地经营权有序、规范流转，发展农牧业适度规模经营。近年来，伴随农村牧区的经济发展，农牧民土地流转意识有所增强，兴安盟农村牧区土地经营权流转呈上升趋势，流转面积逐年增多，全盟土地流转面积2012年为135万亩、2013年为212万亩、2014年为305万亩、2015年为330万亩、2016

年为356万亩、2017年为381万亩，2018年达到389万亩，占全盟家庭承包经营耕地面积的33.75%。

在农村土地流转形式上，兴安盟农村牧区主要有转包、出租、转让、入股等几种形式，其中以转包、出租为主。土地转出方主要以外出打工或年老体弱无力耕种农户为主，土地受让方主要为本地农户、合作社、企业、专业大户、家庭农场等，土地流转的受让方以本地农牧户为主。总体上看，农牧户之间的流转是兴安盟农村牧区土地流转的主要模式，但近年来的流转模式明显呈多样化发展趋势，企业、合作社、专业大户和家庭农场正在不断加入土地流转中来，所占比重呈上升趋势。

3. 包头市九原区

近年来，包头市九原区政府大力实施乡村振兴战略，按照“产业兴旺、生态宜居、乡风文明、治理有效、生活富裕”的总要求，积极鼓励各乡镇政府采取租赁、转包等方式，并不断创新土地流转形式、加快土地流转步伐、保证土地流转效益，推动土地向种植大户、农民合作社等农业新型经营主体集中，因地制宜地发展观光农牧业、体验农牧业、创意农牧业，并且打造了蒙乐源、田禾采摘、信步闲庭等田园综合体。

“庭院经济”在九原区非常普遍，农民们通过土地流转进行草莓、西红柿、豆角等大棚水果蔬菜的种植，每天固定销售给蔬果超市，获得的经济效益远大于以前种地收入。“田禾采摘园”是一种“合作社+农户”的方式，通过田禾种（养）殖农民专业合作社带动当地农户分散种植，建立日光温室蔬菜瓜果大棚、种猪养殖场、种养基地等设施，不仅使之前很多荒芜的土地得到利用，更提高了村民的经济效益；除此之外，合作社还帮扶当地困难群众19户，凡是愿意养殖猪或羊的农户，合作社都免费为他们提供猪崽或羊羔，最后以高于市场价的价格来收购，用于合作社自己的餐饮渠道，这样，合作社既帮助了农户增收，又能得到稳定的肉源供应，实现了双赢。

通过土地流转，九原区农业产业化的增值效益凸显，使得农村土地“流”出效益，“转”出活力，同时也推动了农业和农村发展，提高了农牧业全产业链收益。截至 2018 年末，九原区新增土地经营权流转面积为 7772.8 亩，其中集体土地流转面积为 6861.2 亩，土地流转总面积达到 81965 亩。

第四章　政府主导农地流转的行为机理分析

第一节　政府与市场

政府主导农地流转是农地流转过程中政府与市场博弈的结果，因此对政府与市场相关内容的阐述是不可或缺的。

一、政府

“政府”这一概念，最早产生于我国唐宋时期，但其在历史演进过程中，一直没有得到一个明确、具体的界定。直至近代，随着人们对政治学、政府学、公共管理学等的研究，“政府”这个概念逐渐得到了一个科学合理、为世人普遍接受的定义：“政府是国家的组织要素或政治机器，是体现、达到国家目的和行使、表现、执行、解释国家意志的机关。”这一概念又可分为“广义的政府”和“狭义的政府”。其中“广义的政府”是指中央和地方的全部的立法、行政、司法和官僚机关；“狭义的政府”则是指中央和地方的行政机关、官僚机关。当前，学界多从广义的角度来界定政府，政府是实现国家意志的机关，而国家意志是以暴力为后盾，通过立法、执法和审判等形式实施的。广义上的政府主要包括：①国家权力机关，或立法机关；②国家行政机关（包括其下属的科层制即官僚机关）；③国家的司法机关；④随着现代国家规模的扩张而形成的政府间的关系即中央—地方关系。就我国而言，政府主要是指中央和地方各级的行政、立法与司法机关，主要划分为五级：中央政府、省级政府、市级政府、县级政府、乡镇级政府，其中乡镇级政府是目前我国政府主导农地流转的主体，也是本研究重点分析的对象。

政府主导农地流转要以其职能为运行载体，政府职能又称行政职能，是指行政主体作为国家管理的执法机关，在依法对国家政治、经济和社会公共事务进行管理时应承担的职责和所具有的功能。这些职能体现着公共行政活动的基本内容和方向，是公共行政本质的反映。政府的职能具体而言可以分为：政治职能、经济职能、文化职能、社会职能、运行职能，本研究主要分析政府的经济职能。

政府的经济职能，是指政府为实现国家经济的发展，对社会经济生活进行管理的职能。随着中国计划经济体制向社会主义市场经济体制的转变，中国政府主要有三大经济职能：①宏观调控职能，即政府通过制定和运用财政税收政策和货币政策，对整个国民经济运行进行间接的、宏观的调控。②提供公共产品和服务职能，即政府通过政府管理、制定产业政策、计划指导、就业规划等方式对整个国民经济实行间接控制；同时，还要发挥社会中介组织和企业的力量，与政府一道共同承担提供公共产品的任务。③市场监管职能，即政府为确保市场运行畅通、保证公平竞争和公平交易、维护企业合法权益而对企业和市场所进行的管理和监督。在公共管理学领域，许多学者将市场经济下政府的经济职能归纳为以下七个方面：①提供经济发展的基础结构；②组织各种各样的公共物品和服务的供给；③共有资源和自然资源的保护；④社会冲突的调节与解决；⑤保持和维持市场竞争；⑥收入和财产分配调节；⑦宏观经济的稳定。上述两种划分方式，后者是对前者的进一步细化。

二、市场

市场是买卖双方共同决定一项产品价格的场所。将所有各类的市场予以集合就是市场体系（或结构），在这个体系中主要参与者是原料单位和厂商，原料单位负责提供生产因素，如劳动力、土地和资本，其目的是赚取金钱，并以所赚的钱购买所需的产品；厂商则负责供给所需的产品。发展到现在，市场具备了双重意义，一重意义是交易场所，如传统市场、股票市场、期货市场等，另一重意义是交易行为的总称，即市场一词不仅指交易场所，还包括了所有的交易行为。广义上，所有产权发生转移和交换的关系都可以称为市场，本研究中农地流转市场是指广义上的市场。市场的运行依靠市场机制实现，所谓市场机制是指，价格具有自动调节的功能，将市场体系中的经济活动者联系在一起，形成相互依赖的关系，这正是价值规律的作用。

市场同样是农地流转的重要主体，市场调节作用的发挥要以其功能为载体。市场功能是指正确运用市场机制所具有的客观功能。其功能主要有：市场调节功能；收入分配功能；优胜劣汰功能；信息引导功能；统一联系功能。

市场调节功能，指市场在其内在机制的作用下，能够自动调节社会经济的运行过程和基本比例关系。市场作为商品经济的运行载体和现实表现，本质上是价值规律发生作用的实现形式。价值规律通过价格、供求、竞争等作用形式转化为经济活动的内在机制。市场机制以价格调节、供求调节、竞争调节等方式，对社会生产、分配、交换、消费的全过程进行自动调节。例如，调节社会资源在各部门、行业、企业间的配置与生产产品总量和种类构成等，在上述调节的基础上，最终达到对社会经济基本比例关系的自动调节。调节功能是市场最主要的、具有核心意义的功能。

收入分配功能，企业等一些营利性的部门是初次收入分配的主体，这些部门则是市场中的重要组成部分，所以也可以说市场是初次收入分配的主体。人们在市场中通过参与各种各样的生产经营活动，凭借自己所付出的劳动的多少从而在企业等各类部门中获得相应的收入；当然企业等各类部门在向其职工发放工资的同时也获得了其职工所创造与生产的产品所带来的更多的收益，并且那些职工工作积极性、效率和技能较高的部门往往会获得更多的收益。由此可见，无论是在市场中的个人还是企业等部门，他们都受到了市场的收入分配功能的影响，尽管有时候市场的初次收入分配可能不公平。

优胜劣汰功能，就市场的发展历程来看，市场是一个充满竞争的场所，当然一些特定类型的市场，如计划经济体制下的市场除外。当今市场上存在着各式各样的主体，它们之间由于自身的发展需要会形成对于各种资源的竞争关系，尤其是同类型的主体之间的竞争更为激烈。尽管市场的竞争是残酷的，它会使一些竞争力和实力等较弱的企业走向破产或被兼并的道路，但是这也是必要的，市场必须经过其优胜劣汰功能的发挥，将各种资源从那些劣势企业转到那些优势企业当中，以实现资源的高效和合理利用，从而创造更大的经济价值。

信息引导功能亦称反馈功能，主要表现为市场把交换活动中产生的经济信息传递、反映给交换当事人。商品出售者和购买者在市场上进行交换活动的同时，不断输入有关生产、消费等方面的信息，这些信息经过市场转换，又以新的形式反馈输出。市场信息的形式、内容多种多样，归结起来都是市场上商品供应能力和需求能力的显像，是市场供求变动趋势的预示，其实质反映了社会资源在各部门的配置比例。市场的信息反馈功能，可以为国家宏观经济决策和企业生产经营决策提供重要依据：一方面，国家可以根据市场商品总量及其结构的信息反馈，判断国民经济各部门之间的比例关系是否恰当，并据此规划和调整社会资源在各部门的分配比例；另一方面，企业也可以根据商品市场销售状况的信息反馈，对消费偏好和需求潜力做出判断和预测，从而决定和调整企业的经营方向。随着社会信息化程度的提高，市场的信息反馈功能将日益加强。

统一联系功能亦称交换功能，主要表现为以市场为场所和中介，将商品的生产者与消费者联系起来，实现商品交换的活动。在商品经济条件下，商品生产者出售商品，消费者购买商品，以及经营者买进卖出商品的活动，都是通过市场进行的。市场不仅为买卖各方提供交换商品的场所，而且通过等价交换的方式促成商品所有权在各当事人之间让渡和转移，从而实现商品所有权的交换。与此同时，市场通过提供流通渠道，组织商品存储和运输，推动商品实体从生产者手中向消费者手中转移，完成商品实体的交换。这种促成和实现商品所有权交换与实体转移的活动，是市场最基本的功能。尽管随着市场经济的发展，商品的范围已扩展到各种无形产品及生产要素上，如服务、信息、技术、资金、房地产、劳动力、产权等，但上述商品仍然是通过市场完成其交换和流通的。

三、政府与市场关系

政府与市场的关系问题一直是经济学、管理学等学科的研究重点。在探讨农地流转过程中政府与市场的关系之前，本研究先对一般理论层面的政府与市场关系进行分析。

1. 西方社会政府与市场关系的理论演变

第一，重商主义国家全面干预市场阶段，这一时期政府部门掌控着整个社会经济的发展趋势和方向，市场几乎毫无作用。在重商主义时期，资本家为了进行资本的原始积累，要求政府全面干预市场。这一时期政府主张禁止金银出口，严格管制货币，加强对外汇交易的管理。英国是重商主义国家中的典型代表，采取的手段也更为直接，主要包括关税保护和特许贸易制度等。

第二，古典自由主义市场自由放任发展阶段，这一时期政府部门对市场的干预几乎为零。18 世纪 60 年代起，英国率先开始了工业革命，催生了以亚当·斯密为主要代表的古典经济学的发展。古典经济学要求政府充当“守夜人”的角色，不再像重商主义时期大包大揽，这一思想持续到 20 世纪 30 年代。在古典自由主义阶段，政府由“全能型”转到了“守夜人”的角色，在亚当·斯密和他的继承者们的支持下，市场获得了较多的自由权。

第三，凯恩斯主义的政府干预主义阶段，这一阶段政府部门出于解决经济危机的需要再次对市场进行了较大规模的干预，但这种干预不同于重商主义时期那样全面性的干预。20 世纪 30 年代左右，“市场万能论”逐渐破灭，人们开始对危机进行反思，凯恩斯政府干预主义应运而生，战后各国都在不同程度上实行以政府干预为中心的凯恩斯主义经济政策，以保持充分就业为施政的目标之一，同时也为贫困者提供必要的社会保障，从而使得本国的经济逐渐得到了恢复与发展。凯恩斯主义的盛行，对战后经济的复苏和发展起到了重大的推动作用。

第四，新自由主义限制政府干预市场的范围阶段，这一阶段政府的干预范围被缩小，政府的职能被明确地限制在纠正市场失灵的范围内。20 世纪 70 年代“福利国家”政策破产，哈耶克提出以恢复古典自由主义为主要内容的新古典自由主义，后被简称为新自由主义。这种思想主张限制政府的干预范围，削弱政府部门的干预作用。直到现在，西方社会政府与市场的关系仍然深受新自由主义思潮的影响，即政府对市场进行有限干预。

2. 国内政府与市场关系理论的演变

第一，改革开放前政府与市场关系理论——全能型政府阶段。王明伟在《改革开放以来政府与市场关系嬗变研究》中阐明：马克思、恩格斯十分重视政府的作用，认为要发挥政府的作用，强调国家职能是一个动态发展的过程，政府和国家的作用必须要适应经济发展的需要，只有这样才会促进经济的发展。马克思、恩格斯对政府的重视程度，为我国建立全能型政府提供了理论支持。新中国成立到改革开放前的十几年，在我国政府的全面指导下，我国经济取得了一定的发展，但是由于政府管得太严，市场没有活力，尤其是后期“文化大革命”使得市场停滞不前。

第二，改革开放后政府与市场关系理论。改革开放以来，我国政府与市场的关系经历了三次转变，分别是：1978—1992 年计划与市场相结合，1993—2012 年政府宏观调控下市场发挥基础性作用，2013 年至今市场开始发挥决定性作用。1979 年，邓小平同志首先提出社会主义也可以发展市场经济体制，这一结论表明人们已经开始意识到市场的重要性，也为在计划经济体制下探索市场在社会主义中的作用提供了理论基础。党的十二大明确了我国在改革过程中正确处理计划与市场关系的重要性，开始明确以计划为主、市场调节为辅的发展理念，这对于我国来说是一个重大的突破。党的十三大提出“计划与市场内在统一”，表明我国已经开始协调政府与市场的关系。党的十四大提出“社会主义市场经济体制就是要使市场在国家宏观调控下对资源配置起基础性作用”，表明我国政府与市场关系开始进入一个新阶段。党的十五大指出“要充分发挥市场机制的作用，健全宏观调控的体系”，这是我国首次提出健全市场机制，再一次强调了政府宏观调控的作用。党的十六大对政府和市场的关系做出了更加科学合理的界定，不仅要健全现代市场体系，还要加强国家的宏观调控，对调整政府与市场的关系提出了新的要求。党的十八届三中全会明确提出要发挥市场的决定性作用，党的十八届四中全会强调政府要依法对市场进行管理，党的十八届五中全会强调要激发社会组织与市场、政府的合力。党的十九大再次强调要进一步深化政府与市场的关系改革。

总体来看，党的十一届三中全会后，我国开始对市场化改革进行探索，不断探索更适合我国国情的政府与市场关系，从改革开放前的全能型政府，到改革开发后的有限型政府，再到现在的服务型政府，市场的地位也在不断地变化着，市场从发挥辅助性作用到发挥基础性作用，再到发挥决定性作用的转变，更好地促进了我国经济的发展。随着四十多年政府与市场关系的调整，我国市场越来越具有活力，经济也处于稳定发展中，政府“看得见的手”与市场“看不见的手”相结合，更好地促进了我国的发展。

通过对中西方政府与市场关系演变过程的总结，可将政府与市场间的关系归纳为以下四个方面。

第一，相互替代。也就是说，在经济活动中，政府与市场所发挥的作用是可以替代的，此消彼长。如规定要获得一定产量，选择发挥政府职能来获取该产量时，则要放弃一定的市场机制；若选择通过发挥市场的机制来获取，则要牺牲一定的政府职能。在政府与市场关系处于相互替代时，存在一个均衡点，在这个均衡点上政府消耗的成本与市场消耗的费用带来的经济效益是相等的。因此，该均衡点也被称为二者的有效边界。所以，政府与市场的关系，是一直趋向该均衡点发展的。例如，政府消耗的成本增加了，且增加的成本大于市场减少消耗的费用，那么我们就要加大市场的机制作用以达到均衡点。与此相反，如果政府所增加的成本小于市场减少消耗的交易费用，那么则要加大政府的职能作用。简而言之，就是通过比较政府职能的边际成本和市场机制的边际成本的大小，若前者大于后者，则扩大市场作用；若前者小于后者，则扩大政府作用。同理，政府也可以通过比较一项新政策出台以后，节约的政府成本与增加的市场费用，来分析该政策是否应该实施。

第二，相互补充。通常情况下，相互替代出现的情况较少，更普遍的是政府与市场之间的互补关系。在如今的市场经济体制下，由于市场作用占据着主导地位，决定着资源配置的方案，所以这种补充关系主要是政府职能对市场机制的补充。这种相互补充的关系，主要体现在市场机制加强时，政府职能不但不会衰弱，反而会有一定的增强，以便更好地补充市场机制。当政府职能对市场机制发挥补充作用时，主要表现在市场与政府的共同作用下，带来的净收益要高于市场单独作用。换言之，市场机制的作用发挥需要政府职能恰当的辅助。同样地，当市场机制对政府职能发挥补充作用时，则表现在政府与市场共同作用下，带来的净收益要高于政府单独作用。也就是说，政府职能的作用发挥需要市场机制适度地发挥作用。政府与市场相互补充的均衡点，发生在两方共同作用带来的净收益等于发挥主要作用的那一方带来的净收益。例如：当政府职能对市场机制发挥补充作用时，若二者共同作用的净收益高于市场机制单独作用，则继续加大政府作用；若低于市场机制单独作用，则要减少政府作用。当市场机制对政府职能发挥补充作用时，也是一样的。

第三，完全排斥。这种情况下的政府与市场是有你没我，政府可以完成的事，市场不能插手，或者说即使插手也无法提供有效的帮助，只能通过不断地完善政府职能或发挥政府作用来达到目的，如国防产品的生产。同理，市场可以完成的事，政府即使插手也无济于事，只能依靠市场机制来调节，如纯私营产品的生产。在政府与市场关系处于完全排斥的情况下，政府职能所增加的成本，永远大于市场节约的费用；或者市场机制所增加的费用，只会大于政府职能减少的成本。在政府与市场完全排斥时，如果强行干预会导致资源配置降低。完全排斥的均衡点，处于政府职能和市场机制的有效边界。政府职能的均衡点，就是政府的边际成本。若小于均衡点则加大政府成本，大于均衡点则降低政府成本，市场不进行干预。同理，市场机制的均衡点，就是市场的边际成本。若小于均衡点，则加大市场费用，大于均衡点则降低市场费用，政府不进行干预。二者相互排斥，相互制约。

第四，共同失灵。在这种情况下，无论是政府职能还是市场机制，都无法发挥作用。出现共同失灵情况时，不论是政府单独发挥作用，还是市场单独发挥作用，或者是二者共同作用，所消耗的成本都大于其费用。当市场失灵时，并不是所有的市场都失灵，还是会有有效市场存在的，同理，政府失灵时也会有有效政府存在。有效市场中市场可以以较低的价格、最快的速度实现信息的反馈和资源的最优配置。在有效市场出现时，则可以做到校正市场缺陷，但不能有多余行为。然而，仅靠有效政府来解决市场失灵是不够的，而且很有可能会造成政府失灵。因为政府的效率和正确性不一定是最优的，并且政府对市场进行调控时往往影响企业以及个人的积极性和创造性。一旦政府失灵，政府又会再次调节之前的错误，让市场机制来发挥作用，这其实又容易造成市场失灵。也就是说，会形成一个“有效市场—市场失灵—有效政府—政府失灵”的循环。不过，从现实的角度分析，有效市场和有效政府不会存在，所以会有“市场作用—市场失灵—政府解决失灵—政府失灵—市场再次作用”的循环。

根据政府与市场关系博弈的四种结果，二者关系的具体形式可共性地表现为以下四种：完全由政府主导（计划型）、完全由市场主导（自由放任型）、政府主导为主市场调节为辅（强政府弱市场型）以及市场调节为主政府主导为辅（强市场弱政府型）。

这四种形式中的后两者在目前世界各国的经济社会发展中更为普遍。但每一种政府与市场的关系形式都有其适用的情形，也就是说政府与市场的关系形式会随着具体经济情形的变化而相应地更替，二者的关系并非一成不变。例如，当市场出现失灵现象（如垄断现象）且具有一定的危害时，政府要对市场进行干预，这时政府与市场的关系就会转化为以政府主导为主市场调节为辅的形式，以纠正市场失灵现象，从而实现资源的优化合理配置和社会的公平与稳定。但当市场失灵现象得到了有效的治理或是政府失灵（主要表现为成本和收益分离、政策制定的复杂性等）的严重程度更大时，那么政府与市场的关系在这时又转换为以市场调节为主政府主导为辅的形式，抑或是其他的形式。一般而言，政府干预市场的行为固然存在一定的合理性，但针对具体不同的市场领域，这一合理性是有待商榷的，需要结合其具体效益（包括经济效益、社会效益以及生态效益）和驱动因素来确定。因此，在面对政府主导农地流转的情况时，我们并不能毫无依据地去说这种情形下政府干预市场是合理或不合理的，同样需要结合其具体效益与相关的驱动因素来分析。当前国内学者主要从整个人类社会和我国两个角度就如何正确处理政府与市场的关系分别提出了切实可行的改进路径。

第一，站在整个人类社会的角度来看，各国应共性地做到以下两点：一是尊重历史与国情，同时需要尊重一国的传统文化，考虑经济现实状况，协调政府与市场的关系。例如：拉美国家忽略了自身市场经济基础薄弱的现实，日本则未考虑其集体主义与传统文化同新自由主义的内核的差异性；英国、美国、瑞典尊重自身的国情，英国、美国的市场经济发达，即使在凯恩斯主义的宏观调控下，也严格控制政府的权力，充分发挥市场活力，瑞典一直注重福利，最终选择保守自由化的路径。协调政府与市场的关系，要尊重资本主义与社会主义的机制基础差异，尊重不同意识形态下的理想追求。前者建立在私有制的基础上，市场主体以私营企业为主；后者建立在公有制的基础上，市场主体中存在大量的国有企业，在进行调整时，依靠基础与调整手段不同。二是把握好度与边界，协调政府与市场的关系，要注意一个度与边界的问题。在配置资源中，政府与市场之间具有不可替代性，但是在部分领域中，确实存在一定的替代性，即存在此消彼长的关系，这也模糊了政府与市场的边界。大多数情况下，两者相辅相成，缺一不可。不能像分析资本与劳动力对于经济增长的贡献率是多少一样量化两种机制的作用，两者关系的调整也难做到精细化。正是因为难以量化政府与市场的边界与比例，所以在度与边界的问题上，仍处于不断探索的阶段。要建立度的适当性标准，即度与边界的调整，是否有利于生产力发展，是否有利于人民福祉的增加，不符合标准的调整要及时纠错。要积极探索边界，通过借鉴他国经验与区域实验法，加速探索的进程。

第二，就我国而言，应该做到以下几点：其一，转变政府职能，厘清政府与市场的边界。处理好政府与市场的关系，要厘清政府与市场各自的边界，在市场经济条件下，政府通过实施负面清单对市场进行管理，主要发挥监督引导调节作用，通过事中事后监管、逆周期调节及公共品提供来发挥作用。其二，密切配合，处理好政府与市场之间的关系。在厘清各自边界之后，还需要定位政府与市场的关系。建设社会主义市场经济，需要建立统一开放竞争有序的市场经济体制。在这一体制中，政府与市场其实是相辅相成、不可分割的统一体的关系，首先，要充分利用市场这只“无形的手”，通过价值规律等自主发挥调节作用。其次，政府为市场发挥作用提供良好的环境，起到监督作用。最后，即使是在市场失灵时，发生经济危机期间，政府逆周期调节经济，也能起到四两拨千斤的作用，稳定经济化解危机，而不是大包大揽直接去干预市场。其三，发挥市场在资源配置中的决定性作用。市场经济就是充分发挥价值规律，以价格作为高度灵敏性和灵活性的市场调节手段自主发挥调节作用。通过价格上升刺激供给抑制需求，价格下降刺激需求抑制供给，更加有效地推进市场供求处于平衡水平，并且促进资源集中到更加有效率的领域。其四，更好地发挥政府作用还需提升政府治理水平。当前我国深化供给侧结构性改革，在去产能、去库存、去杠杆、降成本和补短板的过程中，必须把市场和政府有机结合起来，要提高政府治理水平，切实保障市场在资源配置中的决定性作用。只有更加尊重市场规律、更好发挥政府作用，使“看得见的手”和“看不见的手”各司其职、优势互补，才能更好地激发市场活力。

四、政府干预市场的领域分析

政府能够干预市场，但这种干预是一定范围内的，有限度的，从市场领域来看，政府可以对哪些领域进行干预呢？本研究试图从产品类别的角度将市场领域划分为公共产品市场领域、准公共产品市场领域和私人产品市场领域来进行分析。

公共产品市场领域。公共产品亦称公共财货、公共物品，是指能为大多数人共同消费或享用的产品或服务。如国防、公安司法、义务教育、公共福利事业等。这类产品的特点是非竞争性和非排他性。这类产品一般由政府提供和调节，即使部分公共产品如公共福利事业的某些业务会交由市场进行调节，但多是政府与市场相合作且政府占主导地位的情况。若这类特殊产品交由市场进行主导性的供给与调节，那么可能由于市场自身的自发性、盲目性和滞后性等缺陷而引发分配上的混乱，从而给整个国家和社会带来极大的危害，所以对公共产品领域政府几乎是完全干预的。

准公共产品市场领域。准公共产品是指介于纯公共产品和私人产品之间的产品，其涉及的范围十分广泛，在消费的过程中具有不完全的非竞争性和非排他性，主要涉及森林、草地、高速公路以及其他教育（成人教育）等产品。这类产品主要的供给和调节者是政府，但在某些领域如成人教育领域市场也可参与。准公共产品由于其不完全的非竞争性和非排他性使得大众产生一种“抢用”的心理，从而导致这类产品的快速消耗甚至是浪费，所以无论是政府还是市场对这类产品多采用收费的方式来向大众提供服务，以减少社会大众对于此类产品的非理性消费；并且这类产品由市场供应时多存在供应不足、价格制定过高等问题，而这些问题仅靠市场自身是得不到有效解决的，需要政府出面调解。总体而言，政府对此类产品的干预力度也较大。

私人产品市场领域。私人产品是指那些具有效用上的可分割性、消费上的竞争性和受益上的排他性的产品，如日常生活中市场上所存在的一系列生活产品等，可分割性是指产品可以分割为许多能够买卖的单位，而且其效用只能对为其付款的人提供。这类产品一般由市场中的企业部门进行提供和调节。在此市场领域中，只有当市场出现失灵现象时政府部门才采取各种措施进行适度干预，否则政府是无权进行干预的。因此，在私人产品领域，政府对市场干预的力度与前两者相比是有限的，甚至有时会受到相关市场主体的反对。

综上所述，从市场产品类别的角度对政府可以干预市场的领域进行分析，结果表明对公共产品领域、准公共产品领域以及私人产品领域，政府部门都是有所干预的，不同的是政府的干预程度呈现出了从强到弱的趋势。

五、政府干预市场的驱动因素

如上文所述，政府对公共产品领域、准公共产品领域以及私人产品领域都有干预的必要性，那么促成干预行为的因素有哪些？本节从三个主要方面来阐述政府干预市场的驱动因素。

第一方面，市场失灵是导致政府干预市场的首要原因。市场不是万能的，首先其肯定了市场的资源配置作用，其次其指出了市场存在着一定的不足与缺陷，也有解决不了的问题和摆脱不了的困境，正是由于市场不足与缺陷的存在，使得市场失灵现象时有发生。简单来讲，市场失灵是指因市场缺陷而引起的资源配置的无效率，主要包括两种情况：其一，市场机制无法将社会资源予以有效配置；其二，市场经济无法实现效率以外的非经济目标。概括起来，市场失灵大致可以分为以下几点。

一是公共产品的供给。市场化的资源配置是以消费者的偏好为依据的，然而对于消费者偏好在市场上反映不出的商品和服务，市场则根本不能进行资源的分配。这种消费者偏好在市场上反映不出的商品或服务就是公共产品，如国防、警察、安全、行政性产品与服务、公园、道路等公共设施与服务，这些需求属于社会性需求。尽管某些社会性需求也可能通过市场机制来满足，如教育、道路等。但在这种情景下，如果按照补偿生产费的价格买卖，其价格将会很高，只有部分消费者能够满足，而社会则希望更多的人能够享受这些产品和服务，倘若完全依靠市场体系来提供上述的教育等公共产品，消费者往往得不到合乎社会需求的供应量，因此，为了保证合乎社会需求的供应量，应当在购买中尽量减少应该由消费者个人承担的部分，而由政府来补助其不足的部分。因此，总的来说，对公共产品的生产或者提供是政府分内应该做的事情，市场体系干不了或者说是能干但是干不好，这是市场失灵的一个重要表现。

二是市场经济中的垄断。市场实现资源优化配置的前提条件之一，是竞争存在与不存在垄断的现象。事实上，世界上根本没有出现过完全竞争的局面。相反，市场经济面临的是不完全的竞争。所谓不完全的竞争，是指由于买进或卖出数量足够多的某一物品，以致影响该物品的价格。当今市场之所以说是一个不完全竞争的市场是因为在市场上无论哪一个行业里，总是会存在单一的垄断者或者存在几个寡头来操纵着整个或者部分行业市场。垄断和寡头经济的危害不在于谋取垄断利润，而在于破坏正常的市场运作。众多小企业效率不高，价格不便宜，它们往往不去进行价格竞争，而倾向于索取更高的价格和分割市场，长期下去，最终生产者自身会蒙受损失，资源被浪费，导致资源分配的扭曲。在这种情况下，就需要政府介入到市场当中，政府的作用不是取消垄断或者寡头经济，而是维持有效竞争。

三是市场经济的外部性。市场机制能够实现资源的合理优化配置，但是市场经济也会造成资源配置的障碍。这个障碍，除了前面所讲的公共产品和垄断之外，最为显著的便是市场经济的外部性。外部性主要有两种情况，即外部经济和外部不经济。其中外部经济，亦称外部效益，是指某一经济活动或某一项目所产生的效益被与该项目无关的人所享有，或者说是个人或厂商没有享有其行为的全部利益。例如，甲修建了一座水电大坝，处在下游的人因大坝防止了洪涝而提高了粮食产量。外部不经济，亦称外部损失成本，是指某一企业的经济活动所造成的经济损失而企业并不承担外部成本的情况，或者说是个人或厂商没有承担其行为的全部成本。例如，某厂家为了节约自己的生产费用而将污染物（废气、废水、垃圾、噪声等）排放出去，使其他厂家或社会付出额外的费用或者更大的费用，从而蒙受损失。相反，如果减少排放的一切费用由排放者来承担，而收益则是平摊在所影响地区的人头上，那么它们同样也就没有了控制污染的动力。由此可见，在我们的市场经济中，无论是生产者的生产活动还是消费者的消费活动都会产生外部效应从而对资源的配置产生或好或坏的影响，对此，政府有必要发挥其应有的作用。

四是市场的波动和经济的不稳定性。市场具有不稳定性。它的发展始终是以周期性的增长形式进行的。通过市场经济进行自发性的交换过程，始终孕育着经济活动急剧并大幅度变动的可能性。这种变动，危害到市场机制的有效性，往往给资源的分配、收入分配带来不利的影响。在市场经济中，几乎每一个国家的政府都在与经济不稳定、不景气和滚雪球似的通货膨胀作斗争，总是试图达到最大数量的经济增长和就业。对此，市场经济自身无法实现自动的调节，而需要政府发挥作用。从世界各国来看，政府在此方面下的力气是最大的，其实现经济稳定的主要途径是通过各国的财政政策和货币政策。

五是市场经济下的收入不平等。市场具有收入分配的功能，以市场机制为前提的收入分配，是由市场上的力量关系、个人能力、继承财产的多少、利用教育机会的可能性以及在社会上的灵活性等方面决定的。因此便产生了各种不平等，出现那种“富人的狗可以得到穷人的孩子为了避免软骨而必须饮用的牛奶”的情况，诚如西谚所说：“世界上最大的公平就是富人越富、穷人越穷。”如果我们考虑到市场上存在的各种歧视和偏见时，这种不平等更为严重。收入分配的不平等，差距的扩大，无论是从社会公正，社会稳定，还是从经济效率来看，均是不理想的。如果改变了收入分配的不平等，整个国民经济的福利水平就会提高。但是收入分配的机械平等，可能有损于经济效率。政府的作用便在于进行无损于资源最佳分配和经济效益的收入再分配。作为实现收入分配公平的手段，政府可以在公共经济管理中，全面实行税收政策和转移开支的政策。另外，政府也可以通过直接干预市场机制，操纵价格，以改变收入分配的不平等。

第二方面，政府干预市场受政府自身职责所影响。政府自产生以来就具有两大主要职能，即政治统治和社会管理，而社会管理的一个重要内容就是运用经济职能对市场进行管理，以维护良好的市场秩序，促进社会经济的稳定发展。一方面，政府进行社会管理的各项职能是随着具体问题的出现而逐渐产生、健全的，在长期的发展过程中问题与职能逐渐形成了“反馈—行动机制”，当社会中出现较严重的问题时，政府就会惯性化、主动性地采取相关措施加以解决，对市场领域亦是如此。另一方面，政府归根结底是由选举者民主选举产生的，代表最广大选举者的切身利益，一切决策和行为都要从维护选举者利益的角度出发，因此当出现市场失灵或者是市场主体需要市场体系进一步完善时，政府部门出于维护良好市场秩序和选举者利益等的需要，大多是积极主动地采取相关的政策措施来对市场进行干预。实践证明，政府干预市场的行为，很大程度上是政府受自身职责的驱使而采取的积极主动的行为。

第三方面，市场自身发展的需要，要求政府部门对其进行干预。市场自形成以来并非完美，其存在一定的不足与缺陷，需要后续不断地完善与发展，而对市场进行完善与发展的首要主体就是政府。在现实生活中，政府并非完全放任市场自由发展，而是不间断地运用自身的经济职能来促进市场的发展与完善。复杂的现代社会中，经济不再是纯粹的市场与政府的选择，而常常是两者不同组合的选择。在历史的发展进程中，人类选择了市场，但市场经济的建立和发展必然以高效的政府管理为依托，政府作用的加强成为现代经济的显著特征，如竞争有序的市场秩序的建立和完善，大量基础设施的提供，科技的创新与发展，相关政策计划的制定和实施等，这一切都必须有赖于政府积极有效的调节和干预。经济学家阿瑟·刘易斯说：“在稳定的社会中，政府干预的事情极少，但是在迅速转变的社会中，政府对任何事情都不能掉以轻心，而且国家越落后，政府开拓的余地越大。”这段话对正处于转型发展期的中国经济更具意义。

第二节　政府主导农地流转的机理

2014 年中央发布《关于引导农村土地经营权有序流转发展农业适度规模经营的意见》，决定实行三权分置制度，将农民手中的农地使用权分为承包权和经营权，并且允许农民将自己手中的经营权在一定的条件下进行自由转让。随后我国农地流转事业进一步加快，与此同时，我国农地流转制度逐步走向完善。但近年来受农地流转风险偏大、收益偏低等因素影响，政府主导农地流转的情形日益普遍。

政府主导农地流转的理论来源可追溯到凯恩斯主义。简单来说政府主导是指政府部门（主要为地方政府部门）依靠其行政权力对经济、文化以及社会等领域中的各种情况进行权威性的支配和控制，以此影响其发展趋势、方向和规模。农地流转在我国的实践更多的是指农地使用权的流转，农地使用权流转是指拥有农地承包经营权的农户将农地经营权（使用权）转让给其他农户或经济组织，即保留承包权，转让使用权。农民等各方主体可以通过转包、转让、入股、合作、租赁、互换等方式出让经营权。顾名思义，政府主导农地流转的内涵是指政府部门依靠自身的行政权力来对某些农户或是集体经济组织由于各种主客观因素无法科学合理地进行流转的农地，通过各种合法性、科学性、权威性的方式来主导实现这些农地的顺利流转，以达到防止农地闲置、提高农地利用率、增加农民收入、促进农村发展的目的。总体而言，政府主导农地流转是当前我国农地流转领域中政府与市场博弈的结果，是农地流转领域中的具体模式之一。因此本节首先对农地流转中政府与市场的关系、我国农地流转的主要模式等问题进行探讨，而后对政府主导农地流转的驱动因素、具体模式以及利弊进行分析。

一、农地流转中政府与市场的关系

就当前我国农地流转实践来看，农地流转过程中政府与市场的关系主要表现为相互补充、相互促进，且市场主导农地流转是主流现象，具体表现为个体农户主导型、村集体主导型和中介组织主导型。但由于市场本身存在着一些诸如市场失灵等的缺陷，加上农地流转情况较为复杂多变，所以在市场主导农地流转过程中，常常会衍生出一系列棘手的问题，如农地流转市场机制不健全、农地流转服务体系不完善、农地流转纠纷较多，使农地流转双方利益受损、农地流转价格偏低以及市场化、专业化的中介组织数量有限等，这些问题长期以来都没得到有效的解决。实践证明，上述问题仅凭市场自身的调节功能是难以得到有效解决的，需要政府部门有效地、主导性地介入，通过利用行政、经济以及法律等手段来共同解决，这种现象不仅是政府主导农地流转行为出现的重要原因之一，而且也在一定程度上表明了政府主导农地流转的行为实质与初衷是以政府手段对市场主导农地流转行为的补充与完善。同样，在政府主导农地流转过程中，也并不排斥市场的作用，政府更多的行为主要是在尊重市场规律和农地流转双方意愿的前提下，对农地流转的价格与程序等进行合理、适度的调节，而其他的农地流转程序等仍为市场化的运用模式，政府在这个过程中并非主导一切，而更多的是发挥中介性、服务性的作用。在农地流转过程中，当市场主导农地流转时，需要政府部门相关政策措施的保驾护航；当政府主导农地流转时，要尊重市场本身的运用模式与规律。总体而言，在农地流转过程中，政府与市场缺一不可，是相互补充、相互促进的，割裂二者的关系将对农地流转市场的稳定、健康的发展造成不良影响。

二、我国农地流转的主要模式

第一种模式是个体农户主导型，指农户作为农地流转（流出方）的主体，包括农户之间的转包、转让、互换等方式。个体农户主导型农地流转是农户之间的自发交易，充分尊重了农户的自身意愿并体现了市场经济的基本精神，体现了农户在农地流转中的主导地位。通过这种流转方式，农业经营农户可以在一定程度上降低其地块细碎化程度，提高地块单位面积，形成农业产业化项目所要求最低的规模经济。但这种模式下农户的农地流转缺乏规范的合同，很多是口头协议，据统计，截至 2018 年底，全国约 75%的农户在自主转出土地时没有签订书面的、正式的合同。这种情况下需要政府部门介入来对农户主导型农地流转的过程和形式进行进一步规范。

第二种模式是村集体主导型，指村集体组织（通常为村委会）作为农地流转（流出方）的主体。这种形式准确来说也包括政府主导型，但此形式下地方政府在发挥作用过程中依赖村委会等村集体经济组织，因此也归为村集体主导型。具体而言，这种类型一般有两种方式：一种方式是村集体经济组织把在土地初始分配时通过预留的机动地使用权以协议、招标或拍卖等方式转让给大户或者龙头企业，如四荒地拍卖和“两田制”，其中，“两田制”在发展过程中逐步被取消了；另一种方式是村集体组织通过返租、入股、土地置换等方式将农户分散承包经营的土地集中，直接或者经过平整、修建大棚之后出租给大户或者龙头企业，收取租金后，再通过租金、分红等方式发给农户，如返租倒包、村集体股份制等形式。相比于个体农户主导型农地流转，村集体主导型农地流转拥有众多优势：首先，村集体主导型能够降低土地承包经营权流转市场的交易成本，在中国，村集体（村委会）实际上是政府机构在农村的延伸，且作为土地的所有者，具有一定权威和组织协调能力。对于一般的市场主体而言，村集体能够以相对低的交易成本集中土地使用权，如对不愿意流转的农户，可以采取换地的方式，或者利用其他相关交易来诱导甚至迫使其参与流转，而这些是一般的市场主体所不具备的能力。其次，村集体主导型农地流转的期限一般较长，通常为三年以上，并且有规范的合同文本。一方面，期限的延长有利于促进租地方的资本和技术投入，包括对农地改良等基础设施的投入。另一方面，规范的文本合同可以避免口头协议产生的纠纷。此外，村集体的权威身份可以在农地流转矛盾的化解过程中发挥重要作用，村集体及上级政府的介入，将增加农户、龙头企业和大户机会主义行为的成本，降低违约的可能性；也可以在一定程度上增加村级经济收入，有助于农村公共品的提供。值得注意的是，村集体作为农地流转主体的合理性一定要建立在村集体与农户利益基本一致的基础上，显然，当两类不同主体之间的利益难以达成一致时，村集体主导型农地流转往往利用其所有权人身份，侵害农户的家庭承包经营权，如部分村集体不顾村民反对，强行设置“两田制”，压缩口粮田份额，剥夺农户的家庭承包经营权，与农民争利，这是导致“两田制”这一形式被中央政府叫停的最直接原因。上述问题仅靠村集体是无法得到有效解决的，需要政府介入干预。

第三种模式是中介组织主导型，指中介组织（指市场化组织）作为农地流转（流出方）的主体。这种形式可以很好地弥补前两种形式所存在的一些弊端。第一，相比于个体农户主导型，首先，中介组织介入后，龙头企业或是种植大户的交易对象变为中介组织，避免了和多农户直接交易，减少了交易次数，降低了交易成本；其次，中介组织的介入，一般都有规范的书面合同，可以在一定程度上保障农地流入方和流出方所约定的权利与义务的实施；再次，中介组织的介入可以降低信息不对称程度，农户对地块等方面的私人信息优势对于中介组织而言几乎不存在，且中介组织凭借其规模优势，可以用较低的户均成本获取必要的市场信息，从而也降低了龙头企业或者大户的信息优势；最后，中介组织规模上的优势可以提高其谈判地位，从而有效降低龙头企业或者大户机会主义行为发生的可能性。第二，相比于村集体主导型，该模式的运作是严格以农户家庭承包经营为根本的制度基础，充分尊重中国已有关于农地流转的法律和文件规定。经过调查研究发现，村集体主导型的农地流转失败的最为重要的原因就是对于家庭承包经营权的侵害，即所谓的集体利益侵害农户个人的合法权益，而中介组织主导型的农地流转则充分尊重农户的家庭承包经营权，能够在制度上保障农户的自愿性，从而有效地避免公权对私权的侵害，充分保障农民的合法权益。这种模式存在的最大问题就是由于其交易运行成本较高，导致市场化、专门化的中介组织数量有限，这就需要政府部门通过相关扶持措施来增加市场化和专业化中介组织的数量，因此这种模式同样需要政府干预。

第四种模式是政府主导型，是指地方政府作为农地流转（流出方）的主体（不包括政府依靠村集体主导农地流转的情况）。这种模式下政府部门主要发挥中介组织的作用，因此其具有中介组织主导模式的共性优势。且政府主导农地流转要遵循市场经济的规律，需要市场发挥其重要作用，并非政府单纯一味地搞计划。对政府主导型模式的内涵、产生原因、具体模式和利弊之处，将在下文详述。

总体而言，上述四种模式在当下我国农地流转实践中均存在，其中前三种一般归纳为市场主导型，但由于各地区情况存在差异，故采取的模式有所不同。经对比分析，村集体主导型和政府主导型模式，由于自身的权威性、公信力等，越来越得到农户的认可和采纳。

三、政府主导农地流转的驱动因素分析

根据已有研究可知，农村集体所有土地从理论角度来说可以归结为一种准公共产品。首先，这类土地是为农村集体经济组织所具有，为本集体经济组织成员无条件使用的，具有公共性；但此类土地也存在不完全的非竞争性和非排他性。例如，某一集体经济组织的土地在较长时期内数量是不变的，随着本集体经济组织人口的不断增加，按照规定，新增人口同样有资格获得定量的土地来维持生活，这样就会导致两种情况：如果集体经济组织原有土地面积不足，那么需对已获地农户的土地进行重新分配以满足新增人口的需要；如果集体经济组织原有土地仍有剩余，则会出现“先到先得”的现象，即先具有本集体经济组织成员资格的人可先得到土地，而后到者则可能存在无地可用的威胁，所以无论哪种情况均表明农村集体所有的土地具有不完全的非竞争性和非排他性。既然农村集体所有土地是一种准公共产品，那么其使用和流转都与公共利益紧密联系，因此出于维护公共利益考虑，政府部门必然采取相关措施对农地流转市场进行干预。

政府主导农地流转是否具有合理性，仅就农地的属性而言说服力较弱，就其驱动因素的分析是对这一合理性更有力的支撑，本研究主要总结了以下三个驱动因素。

1. 市场主导型模式存在一定的弊端

尤其是个体农户主导型、村集体主导型，对农户的切身利益造成侵害，实践证明，政府主导农地流转可以较充分地弥补市场主导型模式存在的弊端，且其自身带来的消极影响更小，因此越来越多的农户更倾向于选择政府主导型模式进行农地流转。

2. 我国农地流转市场存在诸多问题

通过查阅已有文献，本研究总结了我国农地流转市场目前存在的共性问题，认为这些问题是导致农地流转市场出现政府主导的主要原因。这些问题主要有以下八个方面。

（1）我国农地流转市场体系本身亟待进一步完善。

我国的农地流转市场是社会主义市场经济体系的重要组成部分，是改革开放的产物，虽经过近四十年的发展，但仍然处于相对不成熟的阶段，主要表现在以下四个方面：①农地流转的相关法律法规仍需进一步完善，管治力度有待进一步提高。尽管当前我国农地流转领域已有《中华人民共和国物权法》《农村土地承包经营权流转管理办法》等，但面对日益复杂、多样的农地流转问题，现有法律法规的管治存在着较大盲目性，使得众多问题长期得不到有效的解决。②地方政府部门对于建设和完善当地农地流转的积极性不高。由于农地流转相关服务体系的建设与完善需要耗费大量资金，这就使得地方政府出于地方利益的考虑，将政府财政优先用于经济效益高的项目，忽视了农地流转市场的建设与完善。③农地流转建设主体单一且资金短缺。目前农地流转市场的建设主体主要是地方政府，社会其他主体基本无参与，且主体的单一性直接导致了农地流转市场建设资金的短缺，这对于农地流转市场的发展与完善是十分不利的。④农地流转市场的监督协调工作不到位，成效不显著。当前众多地区对于农地流转市场运行的监督协调工作大都处于起步阶段，缺乏专门化的监督协调机构、人员与政策法规等，监管成效不高，从而直接导致了农地流转市场领域中的众多问题。

（2）我国农地流转市场的各项服务不健全。

由于各地区的社会经济发展水平存在着显著的差异，所以其农地流转相关服务体系的健全程度也有所不同，尤其是欠发达地区农地流转市场中，其各项服务大都处于不健全甚至短缺状态，从而导致了许多意料之外的问题的产生。具体表现为：农地流转价格评估平台的短缺、农地流转信息服务平台的短缺以及专业化、市场化的中介组织的缺乏等，从而产生了农地流转价格偏低、农民利益受损以及农户农地流转意愿和积极性偏低等问题，这对于农地流转事业稳步推进较为不利。

（3）我国农地流转市场中存在许多违规行为，威胁农民的切身利益。

从总体上看，尽管我国农村地区的土地流转事业如火如荼地进行着，但就目前农村地区的土地流转事实而言，存在着许多的不规范甚至不合法之处，最为突出也最为常见的就是在土地流转过程中，大多数情况下土地的流出方与流入方之间都是订立口头协议来确定土地流转的面积与期限等，并不会签订专业的流转合同等，这种现象在我国目前的土地流转的实践中是大量存在的，这种口头的协议短期来看似乎并无大碍，但是当真正面对土地流转纠纷时，最终是不利于土地流转双方利益的维护的，尤其是当农民将土地流转给相关的农业公司时，在发生纠纷的情况下农民的利益往往会受到更大的损失。在土地流转过程中，无论是农民之间还是农民与农业公司等之间的土地流转，农民自身的文化素质水平有限以及对土地流转的相关程序与政策的了解程度偏低等一系列原因，使得在土地流转过程中不规范、不合法的行为频繁出现，也使得流转双方的利益在面对土地流转纠纷时无法得到有效的实现与维护。

（4）我国农地流转行为在很大程度上造成了土地资源的严重破坏与浪费，使得我国可持续发展动力不足。

众所周知，我国面临着人多地少、土地资源相对短缺和粮食难以自给的困难现状。尤其是改革开放以来，随着大规模城镇化的推进，一方面，城镇建设用地的过快扩张和土地财政的巨额利益诱惑，使得地方政府违规批地，企业违规占地，农用地迅速减少；另一方面，工业化随着城镇化的推进而不断发展，巨大的工业和服务业缺口以及务农和务工收入差距的悬殊性，吸引农民离开土地进城务工，使得农用地被大量抛荒，质量下降。此外，现今我国农地流转市场的不健全以及土地用途管制的缺口，使得大量的流转农地经营者对农地进行不合理的利用，包括追求短期效益过度消耗土地肥力和破坏自然属性以及各种原因的非农化利用。一是大量涌入的农地经营主体获得流转农地后，对农地资源进行掠夺式开发，导致农地质量下降，继而导致荒漠化等严重的生态问题和拥有承包权的农民利益受损的社会问题；二是由于缺乏有效的监管机制和执行主体，以及受到巨额利润的诱惑，农用地非农化、非粮化现象严重，严重威胁我国粮食安全和社会稳定。

（5）我国农地流转市场的配套法律制度与社会保障制度不完善，农民利益在农地流转时缺乏有力保障。

农民作为农地的承包者，具有对土地收益、使用和占有的权利，农民的生活水平同农地的利用状况密切相关。农业兼业化、农民老龄化和农村空心化的现状，使得大量农户的承包地无法得到充分利用，直接导致农民整体收益的折损。与此同时，从大量有关流转意愿的调查研究中可以发现，农民的恋土情节十分浓厚，尤其在我国确权登记制度、农村社会养老保险制度、农民工养老保险体系和户籍制度等不健全的背景下，使得农民对流转的意愿相对较低。信息的不对称性以及专业知识的欠缺，使得农民在与企业或大户的农地流转中失去部分权利和收益的事件屡见不鲜，因此，没有政府干预的市场显然是将农户置于不利之处。此外，从农地流转实践的研究中可以发现，失地农民将土地转出后从事其他行业时，非农业收入受流转前的主要收入来源、个人性格和文化素质等多重因素影响，在农民群体内部有显著差异，一大部分农户的收入甚至不及流转前状况。

（6）我国农地流转事业面临着许多集体土地所有权和农户土地承包经营权界线模糊的情况，不仅使得流转事业本身受阻，而且易损害流转双方的利益。

目前，我国集体土地所有权模糊情况主要表现在两个方面：一个方面是集体这个概念模糊，集体首先是集体经济组织，但集体经济组织具体是什么，不同的地区定义有所差异，导致某些村庄存在两个甚至多个集体经济组织，引发集体土地所有权的混乱，给农地流转带来了较大的障碍；另一个方面是集体土地所有权的范围模糊，即到底某个集体经济组织所拥有的土地范围是怎样的，从目前实际状况来看，由于土地整治工作的推进，许多集体经济组织之间的土地范围界线日益模糊，常常导致各个村落之间严重的土地纷争，农地流转事业停滞不前。农户土地承包经营权界线模糊的主要致因有两个：一是集体土地所有权界线的模糊；二是土地整治工作的推进使得原有界线模糊甚至消失。这种农户土地承包经营权界线模糊的情况同样是不利于农地流转事业的推进的。实践证明，即使在上述任何一种情况下实现了农地的流转，其最终也会给流转双方的利益造成损害。

（7）我国农地流转事业助力“三农”问题解决的动力不足。

“三农”问题长期以来都是我国社会经济发展所面临的一个重大难题，我国是一个农业大国，农民和农村的数量庞大，“三农”问题的种类更是多样，如农业兼业化、农民老龄化和农村空心化等，推动农地流转事业的快速发展是新时期我国解决“三农”问题的主要手段之一。农地流转不仅可以盘活农村的土地资源，实现农村土地资源的集约高效利用，还有利于农民的增收和农村经济的发展。我国到2020年要全面建成小康社会，实现这一目标就必须要解决好“三农”问题，广大农村地区长期以来都是我国发展的短板区与遗忘区，因此必须鼓足干劲，采取相关措施使广大农村地区在2020年也能顺利进入小康社会。另外，我国到2035年要基本实现社会主义现代化，农业的现代化是社会主义现代化的重要组成部分，若农业现代化不能实现，那么社会主义现代化的实现将无从谈起，而解决好“三农”问题是实现农业现代化的必由之路，但当前由于农地流转市场存在的许多缺陷使得农地流转事业的发展受阻，这对于上述奋斗目标的顺利实现十分不利。

（8）我国农地流转事业由于过度的市场主导带来了众多衍生问题。

这些衍生问题对于整个国家的粮食安全、农村社会经济以及农民的利益等都会造成较大的损害，这些问题主要有以下五个方面：第一，粮食安全问题；第二，农民生计问题；第三，农村社会分层问题；第四，乡村社会稳定问题；第五，农村作为经济波动稳定器功能的削弱问题等。倘若农地流转市场继续一味地由市场主导而政府部门干预几乎为零，实践证明上述问题会越来越严重，且不断衍生出更多新的问题，长期下去会对整个农地流转事业的发展造成极大的破坏。

3. 地方政府自身职责的要求

前两个原因主要是站在客观角度，此原因则是站在政府的主观角度。政府自产生以来就具有社会管理的基本职能，在面对较严重的社会问题时有职责去积极主动地解决，以维持良好的社会秩序。在我国各级政府部门更是如此，我国的各级政府部门从根本上是由人民民主选举产生的，政府部门的宗旨是全心全意为人民群众服务，因此当人民群众的生产与生活遇到各种严重的问题或是棘手的困难时，政府部门要首当其冲地去加以解决，及时维护广大人民群众的根本利益。本书谈及的主体是乡镇级政府部门，其主要具有五大职责，这些职责是促使其主导农地流转的重要原因。

（1）乡镇发展的引领者。

在我国，无论是哪级政府，都必须坚持为人民服务的原则，作为我国最基层的政府——乡镇政府须充分利用行政权力和政府财政对我国农村社会经济的发展起到推动和引领作用。在这样一个强调“互联网+”和大数据应用的时代，信息在社会经济发展中的地位日益提高，信息不对称性逐渐成为各方面差距逐渐拉大的重要原因。在通信技术相对落后、农民社交圈相对较窄的乡镇和农村，信息的滞后和缺乏极易导致经济发展的滞缓。因此，信息资源丰富、分工明确科学的政府部门需要对手中大量的信息资源进行筛选和决策，为乡镇企业和个体农户提供最有价值的政策、市场信息，并及时发布相关政策，提供公共服务，引领乡镇的建设和发展。

（2）公民利益的维护者。

对公民利益的维护，可以看作是政府社会职能中的一部分。在农业兼业化、农业人口老龄化和农村空心化等背景下，无论是乡镇企业还是个体农户都面临着越来越大的经营风险。拥有提供公共服务、进行公共管理、组织社会保障等社会功能的政府，必须充分利用手中的行政权力，积极组织基础服务设施建设工程，落实社会保障制度，维持市场秩序。此外，还应提高公共财政利用率，通过对乡镇企业的金融支援，加强农村农田水利基础设施的建设，提高各方的综合生产力和抗风险能力，保证乡镇社会秩序的和谐稳定。

（3）上级指令的执行者。

作为下级政府，对于自身的核心要求就是要认真贯彻党的路线、方针和政策，执行好上级政府的行政命令，及时完成上级交给的各项任务。特别是在农村社会力量相对较弱、各方面设施不够健全的情况下，基层政府的作用更加显著。根据《地方组织法》可以看出，法律对乡镇政府的要求一般还包括：保持农村社会稳定，维持农村社会生活正常秩序；落实公共服务和公益事业，积极促进服务型政府的建设。因此，国家方针政策和路线的优越性、科学性和先进性只有被基层政府认真贯彻落实后才能被人民群众所认识和了解，才能进一步提高我国政府的威信。所以，基层政府的一项重要职能便是对上级指令的执行和落实。

（4）公共问题的发现者。

在我国，无论哪级政府部门，其职责均不单是在面对公共问题时要制定和有效地执行公共政策，去解决这些问题以维护公共利益；更在于去主动地了解社会各界的情况，发现那些隐藏于社会生活中，且亟须解决的政治、经济、社会治安或者是民生领域的公共问题并竭力去解决，这样的政府才是积极作为、为民办事以及能得到广大民众认可与支持的高效政府。实际上，在现实生活中，我们遇到的公共问题远不止目前大众所知晓的这些，还有众多危害很大、解决难度极高的公共问题没有被发现，没有被提上政府议程，它们时刻威胁着人民群众的利益和社会的治安等。总而言之，政府部门为了人民群众的利益必须要积极主动地去发现这些隐蔽的公共问题并有效地加以解决，以更好地为人民、为社会做贡献。

（5）有效市场的守护者。

我国目前的经济体制是中国特色社会主义市场经济体制，即发挥市场在资源配置中的决定性作用，政府主要发挥宏观调控作用。尽管市场对资源的合理配置和国家社会经济的发展有着不可言喻的积极作用，但有时市场也会出现失灵现象，造成资源的不合理配置以及市场信息的不对称等。市场的失灵轻则会导致大量的失业和物价上涨等问题，重则可能会引发严重的全球性的经济危机或者金融危机，从而给全球的经济发展造成严重的冲击。为了避免或者尽可能地减少市场失灵现象带来的不利影响，当今世界，无论是资本主义还是社会主义国家大多采取了不同程度的政府干预市场的行动，长期如此，对市场的管理和干预就成了政府部门的一个特定的职能。总而言之，市场的发展是离不开政府适度干预的，政府与市场“两只手”共同作用，社会经济才能实现健康良好的发展。

四、政府主导农地流转的模式

一般来说，当农地流转双方均为农户或是流入方为专业合作社时，无须政府部门进行主导，但在发生土地纠纷或是农户需要帮助时，如农户需要政府提供农地流转信息时，政府往往会介入其中，这种介入并非主导。当农地流入方为农业企业或是某集体经济组织欲集中流转农地发展特色农业时，农地流转情况就变得较为复杂，尤其表现为利益关系的复杂化，这些情形下农民的利益往往更容易受到侵害，但农户作为理性经济人，在风险概率差异不显著的情况下，多数人仍愿意将自己的农地流转给能带来更多收益的农业企业。面对上述情况，出于更好地维护农户利益的考虑，政府主导农地流转的行为应运而生。

通过对案例区政府主导农地流转地区的流转模式分析，结合农地流转的基本方式，如转包、出租、作价入股等，本研究总结了三种政府主导农地流转的典型模式：一是“招商包地发展常规农业”模式；二是“招商包地发展特色农业”模式；三是“引导农户自主流转发展农业”模式。

第一，“招商包地发展常规农业”模式。此模式下的农地仍以生产常规的粮食作物为主，如小麦、水稻、玉米等。该模式的具体运行流程如下：对欲将农地流向农业企业的农户，首先，政府部门通过优惠政策引进农业企业；其次，农业企业与农户签订包地合同承包农地或是允许农户将农地以作价入股的方式参与企业股份进行分红；最后，企业利用承包地进行常规农作物的集中化与规模化生产，提高农地的利用率和生产率。此模式的特点主要如下：一是农地流入方为农业企业，可以给农户带来更高的收益，具体表现为，农业企业不仅为农户带来更高额的包地费用或是分红利润，而且失地农民可以到企业务工以增加自己的收入；二是政府在引进农业企业时一般都会给予其税收上的减免或是直接给予资金补贴和技术支持等；三是此模式下政府几乎完成了农地流转的所有工作，发挥着重要的中间作用，农户的主要工作就是审核与签订合同。

第二，“招商包地发展特色农业”模式。此模式下的农地主要用于发展经济效益较高的特色农业。就目前而言，我国越来越多的农民不满于传统农业生产方式与农作物带来的收入，他们迫切希望村集体向外界学习，充分利用本地优势来发展特色农业，从而获取更高的收入。另外，许多集体经济组织为了实现本组织的高速发展也大都在竭力谋求一条转型发展之路，首选是发展特色农业。所谓特色农业是以追求最佳效益即最大的经济效益和最优的生态效益、社会效益和提高产品市场竞争力为目的，依据区域内整体资源优势及特点，突出地域特色，围绕市场需求，坚持以科技为先导，以农村产业链为主，高效配置各种生产要素，以某一特定生产对象或生产目的为目标，形成规模适度、特色突出、效益良好和产品具有较强市场竞争力的非均衡农业生产体系。总而言之，特色农业的发展需要先进的技术和大量的资金支持，然而集体经济组织和农户个人在技术、资金方面大多是匮乏的状态，因此为了发展特色农业引进外界资金是必须的。实践证明，寻找对口企业发展特色农业较为困难，因此需要政府的介入且发挥关键性作用。此模式运作流程如下：首先，集体经济组织经科学评估选定本组织欲发展的特色农业类型并上报上级政府部门，申请政府与其共同寻找对口企业；其次，选定对口企业后由政府与其进行生产经营的谈判；再次，企业与农户签订包地以承包农户的农地；最后，企业对承包地进行资金技术的投入形成预期特色农业的规模进行经营，农户可到企业务工，或是企业将投资后农地反包给农户经营，农户向企业上交租金，无论何种模式，农户的收益都将提高。此模式的特点：一是多数工作仍由政府完成，政府部门发挥着主导型的作用，另外政府在引进农业企业时仍以给予税收上的减免或是直接给予资金补贴和技术支持等为诱因；二是此模式不仅可以改进农地质量、增加农户收入，而且更能促进农村地区的转型发展；三是此模式下集体经济组织发挥着首要的定向作用，是打造“一村一品”的重要主体，要决定本组织特色产业的发展方向。

第三，“引导农户自主流转发展农业”模式。此模式下的农地对于常规农业和特色农业均适宜。该模式适用于农地流转积极性偏低地区的农民，抑或流转方向不明确的集体经济组织。首先就农民而言，在我国中西部的一些落后地区有许多农民由于受传统观念、政策、流转费用和流转风险等因素的影响，不愿意将自己的农地流转或是承包他人农地进行规模化经营，使得自身长期处于贫困状态。鉴于此，政府在尊重民意的前提下尝试主动作为。这种情况下，此模式的运作流程具体如下：政府通过采取各种激励性的措施如给予资金补贴、完善保障体系等来促使此类地区的农户愿意流转自身农地或是承包他人农地进行常规农业或是特色农业的集约化、规模化生产。其次就集体经济组织而言，此模式的运作流程如下：政府有时会根据集体经济组织的实际情况帮助对农地流转方向不明确的集体经济组织实现农地的顺利流转，一般而言，这种情况下农地流入方主要为农业企业，由企业承包农地进行常规农业或是特色农业的规模化经营。总结来看，此模式具有以下特点：一是政府部门仍起引导作用，但更加注重农户或集体经济组织的意愿；二是此模式无论对农民还是对集体经济组织，最终都是有利的，有利于农民增收和集体经济组织发展；三是该模式下农地的利用方式和方向相比于前两者更为灵活；四是政府在发挥作用时无论是鼓励农户还是引进企业仍以经济和政策手段来实现。

通过对上述三种模式的阐述，我们可以看出政府在农地流转中的主导性作用，更多地表现为一种中介性的作用，这也说明了政府主导农地流转不是强制的，而是辅助性的、尊重民意的。

五、政府主导农地流转的利弊探讨

实践证明，任何领域若仅靠市场都是得不到长久良好的发展的，农地流转领域亦是如此。政府职能的存在一定程度上也说明了仅凭市场这只

“看不见的手”发挥作用，社会经济不能得到持续健康的发展。就目前我国政府主导农地流转的现状而言，政府主导农地流转的影响具有双面性，正是由于其具有利弊两方面的影响，所以政府主导农地的合理性是需要进一步佐证的。政府主导农地流转主要有以下利弊之处。

首先是政府主导农地流转带来的优势性、积极性的影响。具体来说可细分为以下五个主要方面：第一，政府主导农地流转在某种程度上可以更好地限制农地流转的价格，从而杜绝或是减少由于流转费用问题而造成的农地无法顺利流转、得不到充分利用的情况。第二，政府主导农地流转可以促进农村地区发展特色农业，实现农村的转型发展，提高农地的利用价值和生产效率。第三，政府主导农地流转可以更容易、更及时地了解农地流转市场中存在的一系列问题，如流转信息不对称、流转风险较大等，从而及时做出回应和决策，以便及时纠正农地流转市场中的不足，完善农地流转市场，更好地维护农地流转双方的合法权益。第四，政府主导农地流转可以极大地提高农地流转的数量，增强农户农地流转的信心，加快我国农地的规模化与集约化经营进程。政府由于其公信力和权威性更能获得农户的信任，使农户敢于去流转自身农地或者是承包他人农地。第五，政府主导农地流转从长远来看有利于我国“三农”问题的解决，广大农村地区欲得到高质量、高速度的发展从根本上仍要依靠农地资源，如今政府主导农地流转，对农地的情况相比以往更加了解，能够制定出更加科学、更有针对性的政策，从而加快“三农”问题的解决。

其次是政府主导农地流转带来的消极影响，主要表现为政府的“越位”现象，即在政府主导农地流转过程中，政府的某些行为是违背民意甚至是违法的。政府主导农地流转，主要表现为政府在农地流转中的中介性作用，其根本目标是为农民服务。但现实生活中政府在主导农地流转过程中常出现“越位”的现象，且这种“越位”尤其表现为政府替民做主，具体表现为两个方面：一是强制或者煽动农民流转农地。为了促进农地流转，政府对一些“成功”流转案例进行广泛宣传，以鼓动农民流转出农地。这些成功案例中，许多是依靠集中各种政策性资源如贴息无息贷款、财政补贴和地租优惠等打造起来的。这种典型案例下的农民缺乏自生能力，是不可随意复制的。还有一些乡镇政府则直接作为农地流出方与企业或大户签订合同，然后再想办法从农民手中获取农地等。政府的这些行为严重干扰了农地正常流转，破坏了农地家庭经营制度。二是强制规范农地流转程序。农地流转本属于一种市场行为，理应由交易双方决定交易方式。尽管由于不严谨不规范的流转引发了一些纠纷，但不能因此而要求所有的流转都规范化，就像口头借款引发了一些债权人难以讨债的事件，但并不能因此而禁止口头借款合同的存在一样。实际上农民是理性的，农民会根据交易对象、交易标的的大小、交易期限的长短等具体情况理性确定流转合同的规范程度。另外，农地流转完全规范化也不符合乡村实际，尤其是组织内部农户间的流转。所以，按照农村的传统行为习惯，采取"不规范"、口头协议等方式来流转农地是一种较为普遍也较为合理的现象。

针对农地流转过程中政府"越位"的现象，本研究主要总结了以下四个原因：一是由于农地流转具有了政治正确性，又是中央所倡导和鼓励的，因此地方政府各级干部便纷纷以农地流转规模为施政目标，采取各种手段推动农地流转，"越俎代庖"或者运用"大棒加胡萝卜"的方式来促进农地流转。由于分散的小农难以与行政权力抗衡，所以一些乡村行政权力就与商业利益结合起来，强制农民低价出租农地，甚至以某种名义骗取农民农地。二是许多地方政府干部认为农地规模经营是必然方向，因此采取各种措施去推动这一理想目标的实现。实际上规模经营不一定需要流转农地，如通过托管经营方式就可以实现农地的规模化经营。例如，陕西长丰现代农业托管公司就通过组建专业服务队的方式，负责周围村落的农作物（小麦、玉米）种、管、收、售的全程服务。依靠这种方式，该公司对长安区 5 个街道办的 15 个村 3800 多户的 16100 亩耕地进行了规模化的种植，实现了农地的规模化经营。可见，流转农地并不是农地规模化经营的必要条件。三是通过农地流转获取自身利益。如某些政府部门与工商资本合作搞农业产业化经营或现代农业经营，迫使农民将农地低价转给工商企业从而为自己谋取利益。还有的工商企业为了获得更多的农地，往往会给基层政府一定的“工作经费”，由基层政府帮助其租入农地。帮助工商企业租入的农地越多，地方政府获得的“工作经费”越多，这自然会促使地方政府努力劝说农民流转农地给工商企业使用。四是追求政府绩效的结果。主要表现为：一些地方政府为了扩大地区就业，增加地方GDP，采取“以租代征”手段向工商企业供应农地。例如，一些引进的企业在农田上兴建了大量建筑物和构筑物，破坏了耕地的固有属性。农地流转期结束后，农民将难以再得到耕地。这种不可逆的农地流转必然使农民的利益，尤其是长远利益受到侵害，使农民的长远生计受到威胁。

综上所述，本章主要是对政府主导农地的行为机理进行了分析，并且从政府主导农地流转的驱动因素角度对政府主导农地流转合理性进行了定性的探讨，但上述合理性分析是有所欠缺的，下文需要进一步对政府主导农地流转的实际效益进行定量分析，综合考虑，给予政府主导农地流转行为一个科学中肯的评价。

第五章　政府主导农地流转成本弹性分析

第一节　政府主导农地流转的价格形成机制

农地流转是农民处置土地权利，将附着于农地上的完整或部分权利及其功能以货币为媒介或者采取产权换产权的直接贸易形式在不同主体间位移的过程，其实质是一种农地承包经营权转移关系。政府主导型农地流转是在响应城镇化进程加快、农村劳动力转移加剧、发展现代农业等背景下衍生的以政府为主导，基于政府强制力从农民或集体手中获得土地充当土地流转中介职能的土地流转模式。自2009年中央一号文件落实以来，农地流转主导权由农户完全垄断日益向村委、乡政府、县政府甚至市政府、第三投资方等多元主体转移，日趋多元化和行政化。在理论层面，政府主导型农地流转有其存在的现实意义和政策逻辑；在现实层面，政府主导型农地流转有增加土地集中度、提高地利质量、减少流转谈判环节、节约交易成本以及依靠其政治强制力和公信力抑制农地流转差序格局副作用等正效应，也有扭曲农地流转价格机制等负效应。对此，本章将从政府主导型农地流转导致农地流转价格机制扭曲入手，利用成本函数测算政府主导型农地流转成本弹性和市场主导型农地流转成本弹性，比较其农地流转绩效，为完善政府主导型农地流转提供政策改进路径。

一、农地流转成本

农地流转属于同质要素交易市场，交易行为自然产生成本，农地流转成本是为农地增值或者农地流转有效已付出或应付出的资源价值的总和。在农地流转过程中不论是政府主导型农地流转还是市场主导型农地流转，农地流转成本都主要由以下三部分构成：其一是政府制定农地流转配套制度产生的"制度的成本"，即国家或政府按照农地流转政策目标和程序创造出一系列政治、经济规则及合约等法律法规的成本，以及这些政策变迁、执行、监督、评估、创新等所耗费的成本，另外制定、执行、管理农地流转各项补贴政策的成本；其二是交易双方及关联方在交易过程中耗费的"交易的成本"，在政府主导型农地流转过程中，政府作为第三方中介组织因农地流转交易而产生的运作协调成本，如信息费用（与制定决策、监督命令的执行，度量工人绩效有关的费用等），还包括农地流转供需双方与其进行博弈时耗费的成本，如谈判、监督和合约履行成本；其三是农地资源再开发和产权转移环节产生的"生产的成本"。无论选择何种模式进行农地流转都会或多或少地产生这三类成本，但由于政府主导型农地流转和市场主导型农地流转有其不同的流转路径，政府主导型农地流转集中度高、规模较大、可获得性强，市场主导型农地流转主要依靠自发流转，有其自身活力和特性，在两种不同模式下进行农地流转三种成本之间的比例和成本的总和必然不同。

二、农地流转价格机制

价格机制作为经济学中的基本概念，是基于供求关系调整的市场经济体内在的一种自发的平衡调节机制，价格机制主要作用于资源配置，包括生产、消费、投资的调节。价格机制不仅包括价格的生成也包括价格的响应机制，Marshall（2006）认为，供求双方基于资源价值评价形成供给曲线和需求曲线，交易市场自发维持供需平衡而形成的市场合理定价则是价格的生成。价格的响应机制则是基于已经生成的市场价格做出的行为选择，需求方基于利润诉求根据自身能力禀赋的强弱“价高者得”，供给者基于市场价格或者受到从众心理基于对资源的多维经济性评价而做出行为决策，在农地流转领域可能会出现议价行为，即针对农地流转价格农地供需双方的博弈。总之，农地流转价格机制是农地同质要素市场农地流转均衡价格生成和响应的路径，农地流转价格机制有效发挥表现为农地资源流向具有更高农地资源生产最有效率的主体，农地流转价格机制失灵则受到农地供需双方个人能力、资源禀赋、评价维度等多种因素的影响。

三、农地流转成本弹性

成本弹性一般是针对产量而言的，指在技术水平和价格不变的条件下，产量变动所引起的成本的相对变动，通过对农地流转成本函数的分析发现，基于政府主导型农地流转的行为逻辑造成的供需扭曲、农地流转价格机制作用发生偏离也会使得农地流转成本发生变化，进而造成农地经营绩效的变化，故政府主导农地流转也会具有弹性。政府主导型农地流转的政策目标是希望通过扩大农地流转规模进行农地规模经营进而得到规模效益，但在政府主导农地流转过程中农地流转一元供需市场分割为二元供需市场，农地流转主体的增加必然导致农地流转成本形成路径的改变。针对农地流转成本来说，相对于在市场路径下农地流转供需双方在交易过程中耗费“交易的成本”以及农地资源再开发和产权转移环节产生“生产的成本”，“制度的成本”占比小。在政府主导农地流转过程中，地方政府依赖政治强制力以及强大的资源动员配备能力降低交易成本，但也耗费了制度制定和维护成本，政府主导下形成的农地流转二元供需市场会导致供需扭曲以及市场均衡价格的变化，将市场主导下的农地流转供需平衡的局面变成有利于农地供给方询价议价的偏向，由此造成不同于市场主导下农地流转成本弹性的变动。成本弹性是衡量农地流转绩效的一个重要测度指标，量化政府主导型农地流转成本对于分析现有政府主导型农地流转模式中存在的问题并进一步提出优化路径具有重要意义，通过测度政府主导型农地流转和市场主导型农地流转两种农地流转模式下农地流转绩效并进行分析，可以发现政府主导型农地流转的不足并给予完善，以实现其有效流转。本书利用农地流转成本函数将政府主导型农地流转和市场主导型农地流转两种不同农地流转模式下农地经营规模变化引发的农地经营成本的改变进行分析，显而易见，选择不同模式进行农地流转其农地经营成本和农地经营规模不同，从而产生的规模经营效益不同，进而探讨其政府主导农地流转政策目标与现实是否发生偏离以及假设偏离的政策改进。

四、政府主导农地流转价格形成机制

1. 政府主导下农地流转价格的形成

农村土地流转市场不仅具有商品市场的特性，还是要素流转市场的一个子集，因此也具有要素流转市场的特点。相比于商品市场，要素流转市场更注重产权，要素流转市场所交易的产品在衡量和明确交易单位特征方面要复杂得多，特别是随着城镇化和工业化进程的推进，农民对于土地赋予更多的期望价值，政府主导下农地流转市场将农地流转一元市场分割为二元市场，交易主体的增加、政府对于农地流转市场配置的干预使得农村土地流转市场如何衡量和明确单位土地价值更为复杂，也更为重要。

目前，我国政府主导下农地流转价格的实现形式主要有现金、实物和股权形式，农地需求方对于农地的价值评价往往是单维评价，主要基于经济利润的考虑，而农地供给方对于农地的目标偏好主要体现在三个维度：经济价值、社会价值、外部性价值，即农地自身价值的表现形式。其中，农地的经济价值包括农地自然质量、地块区位、农地投资等因素。土壤特征涉及农地产出收益必然会对农地流转价格产生举足轻重的作用，农用地投资则是通过改良土壤、完善农用地配套生产设施来提高农地产出率，增加单位农地面积上的净效益，在进行农地流转交易时农地生产成本是农户首要计算进入衡量农地流转价格的指标。种粮大户、农业企业等新型农业经营主体对于农业地块区位更为看重，农地距离农民居民地的距离关系到肥料、苗种等运费的高低，而距离消费地远近直接关系到作物果实的运输成本，交通便利度低的地块机械化作业难度高，交通通达度则体现在近郊地区的农地流转价格普遍高于偏远地区农地的流转价格，并且近郊地区农村剩余劳动力转移率较大，近郊农村经济状况条件较好，农地供给需求量较大，农地流转后多用于较高收益的农业生产经营。农地价格与第一产业的产品价格形成之间相互影响，这也导致了农地流转价格受农地自然禀赋影响很大，中等条件以上的农地可以获取一定的级差地租。巴德汉等（2000）都曾证明资源稀缺的人比资源富有的人更厌恶风险。农户将农地视为生活保障的稀缺资源，农地流转同样承担风险成本，因此农户在做出农地价值评价时也会根据其个人对于农地的经济依赖性程度各异，农户对于农地的经济依赖性越强则对于农地流转价格期望值越高。

农地的社会价值是指农地资源对其农地供给者除经济效益外非货币化效应，在中国农村广大地区普遍存在社会保障水平低的情况，仅有的社会保障是以农村“三提五统”收费为基础的“五保户”制度和低级的医疗保障制度，现实考量难以在短期内建立起以个人付费为基础的社会保障制度，并且长期以来家庭联产承包责任制的生产经营方式导致以农民基本生活保障、收入保障、就业保障、补偿保障和继承保障等经济性质的土地保障和体现家庭成员之间互助互济关系的具有社会性质的社会保障紧密结合在一起，土地保障是家庭保障的前提，家庭保障为土地保障的有效发挥提供基本载体。广大农村尚未建立起统一的城乡医疗保障体系，而大部分农民由于外出务工带有明显的不确定性和不稳定性，因此农地间接承担起失业保险、医疗保险、养老保险的部分功能，农民进行土地流转极易冲击原有的家庭保障和土地保障相结合的保障结构，但农地依然需要为农民的社会保障支付成本，这一部分成本或多或少地体现在农地流转的价格中。

农地的外部性价值则主要体现在耕地的正外部性效应，耕地资源是国家粮食安全的载体，还与其上的植物组成耕地生态系统。黄爱民和秦明周认为，农田生态系统服务功能可以分为两类：一是提供生态系统产品功能，如为人类提供农产品和轻工业原料，此功能可以商品化，创造直接价值；二是支撑与维持人类赖以生存的环境，如碳汇、改良土壤、维持区域生态平衡及提供自然环境的美学、社会文化、科学、教育、精神等难以社会化的功能，从而表现为间接经济价值（荣钦等，2003）。耕地在确保粮食安全和生态稳定所具有的效能使得耕地的价值更加多元化，农地发展权的限制在制约农地利用方式的同时，还会使农地需求方增加机会成本从而降低对农地的心理预期接受价格，农地流转价格的评定从而更加具有不确定性和复杂性。中国长期的人地紧张关系、历史因素导致农户“恋地”“惜地”与“占有”的特殊偏好，加之中国农民农地赋权的身份化、确权的法律化、持有的长期化，导致农地的人格化特征不断加强（张韧，2019），且丧失人格化特征难以依靠替代物来弥补（罗必良，2014）。农地的人格化特征和情感依赖使得农民对于转出土地具有强烈的产权控制意识，并且促使农地流转价格体现出一定的外部性价值。在政府主导农地流转过程中农地流转价格评定的多元化另有政府主导，对于农地流转市场的干预使得农地流转价格相比普通商品价格的确定有其特殊性和复杂性。

农地流转价格是衡量土地承包经营权转移、表征土地价值的重要衡量指标，在社会主义公有制以及当前中国的土地产权制度条件下，农村土地流转价格表征的是农地所有权部分权利束转移的经济价值，即主要是以农地使用权出让、转让为前提的土地使用权价格，农地使用者取得农地使用权和相应时限内农地收益的购买价格。农地流转即承包经营权的转移，承包经营权作为土地所有权权利束下相对最独立、最重要的权利，包括一系列单项权利，如使用权、收益权等，完整性程度不同的权利以及在不同交换方式、交换主体等因素影响下的相同权利在交换时对应着不同的价格。农地转让、互换、赠与、继承等农地流转方式属于农地承包经营权全部转移，对于转让，一般农地供给方普遍具有稳定的非农职业、收入来源或者迁移至县城或城市中居住等情况，在这种情况下，农地供给方对于农地流转价格的期望不高，转让行为经常发生在农户亲属之间或者直接交给村委会，农地供给方受到的经济补偿较低甚至没有。对于互换，由于农地供给方和需求方为方便耕作或者其他需要互为供给需求方，此时农地流转价格等价为新地块的承包经营权。农地入股和抵押等农地流转方式属于农地承包经营权下其他权利的转移，农地转包、出租、“反租倒包”、代耕、委托代种等农地流转方式是农地承包经营权的部分转移，其中转包的农地需求方为本村农户，而出租的农地需求方往往是外村农户、农业经营大户、农场主或者企业等，农地需求方购买能力、购买需求的差异决定了以出租方式进行农地流转获得的经济补偿较高，农地流转价格相对较高。农地流转价格不仅受到产权本身、农地流转方式的影响，还受到土层厚度、有机质含量、地下水水位等自然因素以及供需双方本身、人口增长、人口密度、城镇化水平、市场供求等社会因素的影响，同时农地流转价格作为一种经济社会行为也受到乡土伦理规范等社会因素的影响。

农地本身作为一种生产资料，交易主体在进行农地流转价格评估中必然会把农地承包经营权转移环节和农地属性加工环节产生的成本算入其中，并与交易成本、外部性成本、制度成本等一起进行评估计量，基于要素流动成本考虑的农地流转价格主要体现在农地流转交易费用中，并影响农地流转价格。在农地流转交易过程中，农地的资产专用性作用于农地供给方的认知幻觉和禀赋效应，以及在政府介入农地流转过程中不同的合约安排对农地流转的交易费用产生影响。Kahneman 等认为，禀赋效应是损失规避的表现，损失等量收益所产生的心理感受更为强烈，人们更计较损失，卖方给出更高的农地流转价格而买方则给出较低价格。在农地流转过程中由于农地具有不可替代性的价值和农民对于农地的长期拥有会增加禀赋效应，认知幻觉来源于禀赋效应，农地集体所有及其承包经营赋予了农户对于土地使用的“垄断”地位，因而在土地承包经营权流转的市场交易中，人们对于农地的要价明显高于普通商品，从而表现为产权交易中的认知幻觉。而政府主导农地流转则可以通过合约安排的改变降低经验幻觉和教育幻觉引发的交易成本。产权的核心在于农地流转行为的约束，是农地流转的交易过程中利益关系的明确界定，而合约的存在则产生于农地流转背后产权变动所引致的利益关系的调整。政府主导农地流转的过程中，政府作为农地流转的供给方和需求方的中间人负责协助交易谈判，提供农地流转交易信息、谈判平台，并作为第三方公证人保证交易的公平性，同时负责农地流转合同签订后执行期内的监督事宜以及农地流转价格的维护。

由于政府的介入，农地供需双方则需要接受新的备选合约（双方就农地流转合约的条款问题仍是可以协商的）和新的农地流转成本约束条件（同样条款的签订和执行需要耗费成本）。市场交易下农地流转前的谈判搜寻成本一部分转移给了政府，合约执行期间的机会主义和不确定性也因政府的保障工作而有所稳定，交易费用与信息不完全、不对称导致的机会主义行为的冲突被大大减弱，虽然在政府主导农地流转过程中一部分“制度的成本”会被计算进入农地流转价格衡量中，但健全的法律能改善交易的内部和外部环境，降低谈判成本。明示契约（政府或外部机构指定的法律性契约）的不断完善，减少了监督契约所耗费的成本。规范的交易程序和制度保障会减少基层干部寻租的机会和空间，减少农地流转资源的浪费。在这种情况下农地流转过程中政府介入将会降低交易费用并且有利于农地流转价格的降低。总之，政府主导下农地流转价格的形成是交易过程中多方博弈的过程，受到多种因素的牵制影响。农地流转过程必然产生各类成本，农地流转各交易主体以及关联主体间基于“收益成本”的理性经济分析选择农地流转模式，做出农地流转行为决策。农地流转价格是不同农业经营主体或农户之间以不同方式流转产生的价格，其实质是农地承包经营权转移的经济补偿形式，农地流转价格既是农地流转成本的价格体现，也是农地流转供需双方所纳入计量的主要成本之一，因此完善政府主导型农地流转模式、实现农地规模化流转必须通过制度、技术等手段改变土地要素资源、引导农地流转偏好、建立农地流转价格体系、削减农地流转成本，从而促进农地有效流转。

2. 政府主导型农地流转价格机制

政府主导型农地流转所产生的正效应和负效应也体现在农地流转成本中，并且引致农地流转价格机制发生变化，易于导致农地流转价格机制的扭曲，并进一步造成“非粮化”、种粮补贴依赖性强等负面影响。一方面，政府主导型农地流转依靠其政治权威具有农地流转经营主体日益多元化、规模日益扩大、契约合同正式化、长期化，流转速度加快等优势，有助于快速集中连片土地，整合高质量土地，提高地利水平，降低供需双方市场搜寻成本、谈判成本、合同签订成本等交易成本；另一方面，在土地流转过程中，各方主体利益间的冲突、官僚自身素质的影响和官僚组织纵向、横向结构间所造成的内耗，流转程序烦琐性都会造成农地流转成本的改变并最终体现在农地流转成本中。在政府主导农地流转过程中，各级政府为达到理想政策效果，农地流转供给方和需求方为实现自身利益诉求，各方利益相关主体在土地流转过程中的利益博弈产生长期以及短期的土地流转的交易成本、治理成本、社会成本、机会成本、组织成本、种植成本等各项直接或者间接成本，农地流转主体根据成本收益分析形成农地市场流转价格，并且农地流转交易价格基于农地流转各利益相关主体对于利益分配的博弈受到交易者自身属性、市场供需等因素影响，导致农地流转交易价格与市场价格相偏离而引致农地流转后各方主体行为偏差，进而形成农地流转价格机制。政府主导下的农地流转议价作为一种博弈行为，议价参与主体主要有政府、供给者、需求者，受交易市场信息不对称、交易者个人、政府介入等因素的影响引致“地租乘数”效应、提高农户“询价地位”、抬高农地经营成本、挤压农地经营利润等。

（1）引致“地租乘数”，人为放大农地需求，提高农地经营成本。

行政力量推动农地流转，由政府介入前农地流转市场交易主体仅由农地流转供需双方组成的一元供应市场，割裂为有政府主体介入的二元供应市场，引致市场机制主导下的供求关系并通过“地租乘数”表现：

$$me_{LR} = \frac{1}{1 - mpd_{LR}} \tag{5.1}$$

式（5.1）中，me_{LR}为政府主导农地流转的“地租乘数”，mpd_{LR}为农地边际需求弹性，“地租乘数”假设条件为：①农地流转后粮食种植用途保持不变；②农地流转双方都是理性的市场主体；③现有技术条件下，经营者认为农地产量与经营面积大致成正比，即经营面积越大，产量越高；④农地需求方边际需求弹性受近年来稳定经营预期利好影响较之前有所提高；⑤当前受政策合理性和市场调配作用合力影响，农地经营规模将进一步扩大，农地边际需求弹性有望提升并大于供给弹性；⑥农地流转期限受经营预期利好以及“多数农民仍将土地作为非农经营风险的退路，更多流转是短期的，甚至无明确期限，转出户可随时收回土地”共同影响，流转期限越来越短；⑦短期内，农用机械效率提升对降低成本的贡献远不及地租溢价与雇工工资上涨对成本的抬升。

在市场主导型农地流转市场中，农地需求方因为追求扩大农地种植规模所带来的边际效益的增加，即受国家粮价最低收购价托市影响，随着城镇化、工业化的发展，农机具等种植成本的增加，农业现代化条件也逐渐完善。为了顺应农业现代化潮流，农地经营者作为“理性经济人”期望降低种植边际成本，扩大市场风险小、预期收益稳定的粮食作物种植面积，获取规模收益，因此农地需求方对于农地流转需求进一步扩大，农地需求方边际需求弹性（mpd_{LR}）有所提高（见图 5-1）。由于城镇化发展，青壮年劳动力向城镇、非农产业大量转移，农地供给方对农地的保障性功能需求向财产性功能需求转移，在这种情况下，农地供给增加。

在政府主导型农地流转市场中，政府作为中介组织，自身具有的强制力和公信力使得在交易成本降低的情况下，政府对农地转入方的各项补贴，在一定程度上降低了农地需求方的风险评估，人为放大了农地需求，农地流转价格虚高，农地边际需求曲线弹性增大，曲线向左倾斜并进一步移至 D_2，“地租乘数”扩大，市场均衡价格从 P_1升至 P_2，此时均衡点为 C（见图 5-2）。在政府主导农地流转后，由于存在农地流转市场本身的供求关系变化以及政府介入后农地流转市场价格虚高，农地转入方种植经营成本进一步提升，且高于市场配置下农地流转经营成本。若在“地租乘数”的假设条件下，政府主导型农地流转转入方经营成本要高于市场配置下农地经营成本；若在现实情况中，则需要将农地规模经营带来的规模效应降低、农地边际经营成本与农地价格上涨以及其他种植经营成本相计算来分析，情况不一。

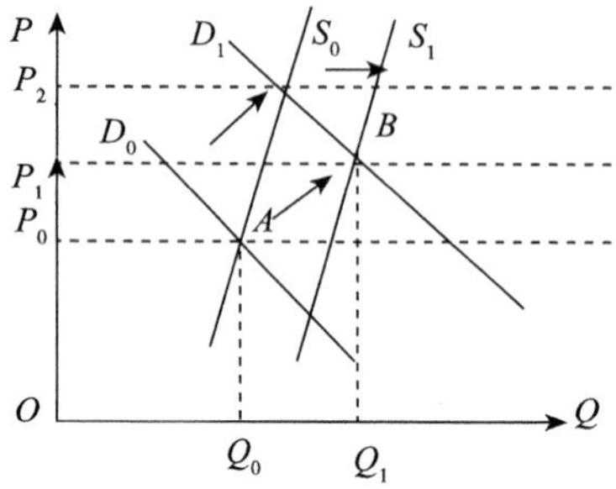

图 5-1　市场配置对农地流转价格的影响

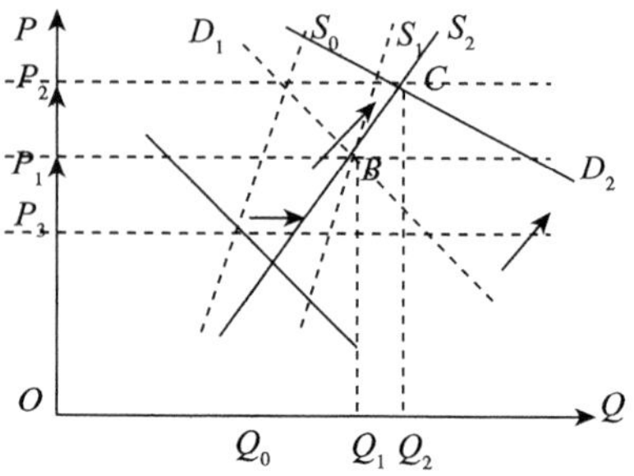

图 5-2　政府主导对农地流转价格的影响

（2）农地转出方议价地位提升，政府、农地供需双方合力推动溢价，压缩转入方利润空间。

农地需求方往往倾向于政府或者农地供给方提供集中连片优质土地，政府介入农地流转市场为了实现农地流转政策预期效果以及自身所具有的维护公共利益属性，使得政府首先必须考虑农户再谋生计的不稳定性，其次为了实现农地快速集中连片规模流转，或者为了使农地在流转给农地需求方时更具有吸引力从而增加财政收入，政府或村集体往往给予承包户一个可以交代的“亲民价” P_0，这一价格在考虑大多数农户心理预期价格以及为了减少日后纠纷隐患往往接近市场“天花板”价格 P_1。从农地供给方角度来说，农户在以当年耕种收入的 70%～80%作为农地流转的“出水价格”后，还需要考虑流转土地后维持生活或者再谋生计增加收入的可能性。因为农地供给方异质性对于赋予保障功能的土地流转预期价格自然有所差异，农户作为理性经济人追求自身利益最大化也往往会抬高价格，特别是在政府介入农地流转过程中农地供给方相对处于被动地位，此时农地流转需求并没有增加，而是因为农地流转价格被抬高而导致供需扭曲，需求曲线从 D_0平移到 D_1，边际需求弹性增加（见图 5-3）。

在村民代表大会确定农地流转价格时，一些对于农地流转期望价格较低或者预期价格较符合市场配置下农地流转价格的农户会“随大流”，与对农地流转价格期望较大的农户联合起来“得寸进尺”询价，导致自发联合“溢价”。假设条件如图 5-1，政府因为各种因素需要集中连片大规模流转土地，需求曲线从 D_0 向 D_1 平移，供给曲线从 S_0 向 S_1 平移。在农地流转过程中由于农地异质性，每一块农地均有与其他农地不同的区位、面积、形状、地质等自然禀赋，决定农地产权交易不会有大批量复制性的交易，只能个别交易，从而形成个别价格，即交易价格。而在农地流转市场中，由于政府主导农地流转存在大规模流转土地的需求，农地转入方希望承包集中连片的土地，所以农地流转价格商议时往往倾向于在个别高价位区间上下摇摆以确定农地流转价格。在农地流转过程中大部分农户同意接受农地流转价格的情况下，一些农户承包地本身处于政府期望收购流转的大片地块中间，而且国家明令“不得违背农民意愿强行流转、不得损害农民权益”“在农民自愿的基础上流转”，这使得那些持有中间地块的承包户在占据询价优势后“延缓供给”“待价而沽”，其他农户纷纷效仿将原本为 S_1 的供给量因“代价而沽”或“延缓供给”萎缩至 S_2，供给减少而需求不变的情况下价格 P_1 进一步升至 P_2。在政府主导型农地流转过程中，由于政府采取“明标竞投”的竞标模式，竞标户有时不理智地抬高价格，使得竞标模式下高于市场配置条件下农地流转市场价更加高涨，也会造成流转溢价，增加经营成本（见图 5-4）。

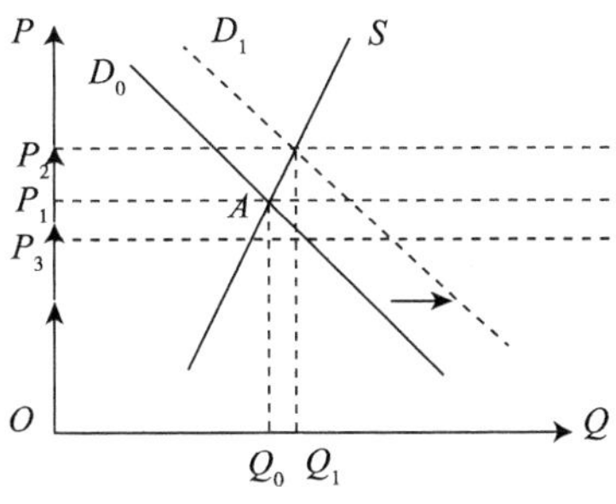

图 5-3　农地流转溢价抬升过程（1）

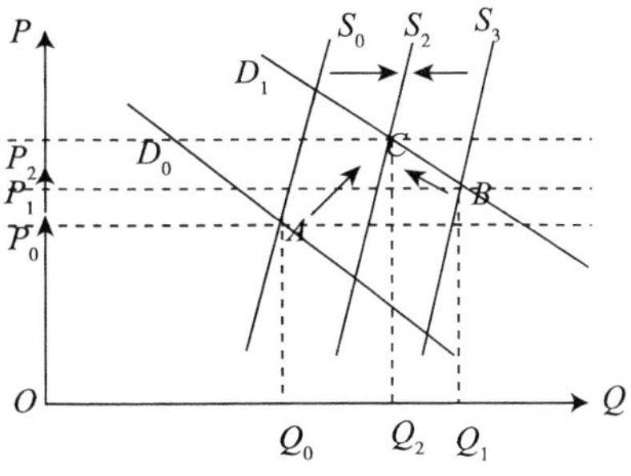

图 5-4　农地流转溢价抬升过程（2）

（3）“溢价”传导棘轮效应，导致非粮化，转入方过度依赖种植补贴。

政府主导型农地流转价格一旦形成“溢价”往往会久调不下，农地流转价格虚高无疑增加了农地转入方的经营成本，在农地承包户选择转出手中承包的农地成为农地转出方时，会再次重复上一任农地经营者的溢价行为。另外，由于集中连片农地的稀缺性，即使没有询价行为，也不会主动下调农地流转价格，或者农地承包户在第二轮承包时延期承包现有承包地块，由于农地供给者延续上一轮农地流转议价行为，农地承包户依然不得不接受上一轮承包时农地流转价格或者更高的价格。此时供给曲线 ADB（S）偏折为 EDA（S_1），按“当期”供给量 Q_0 计算，“继期”该面积的流转价格很难维持在 P_0，很可能升至 P_1，当农地的总体供给量仍为 S_1 时，P_1 价格对应的需求曲线应为更大需求量的 D_1，而非增加较少或者基本未变的 D_0，“溢价”传导具有“棘轮效应”，价格一旦形成便不可逆，很难降回 P_0（见图 5-5）。此时假设条件为：①某时点某地区政府主导农地流转所能调动的农地是有限的，即农地供给并不能随需求的增大而无限增加；②受农地供给相对有限性和土地租金上涨联合影响，农地“继期”流转需求相比“当期”未有较大提升或基本未变；③流转双方均为理性的经济主体；④政府主导流转导致承包户议价地位提升使得其无论在“当期”还是“继期”都拥有较强的市场卖方主动；⑤转出户享受到议价地位提升所带来的红利后很难主动下调流转价格；⑥按当期或前期农地经营预期预测，单个转出户的不主动下调流转价格具有“羊群效应”，多数承包户会跟风观望、不急于流转。“溢价”传导“棘轮效应”使得农地流转价格攀高，增加了农地经营成本，压缩了农地转入方利润空间，大多数农地流入方为寻求利润选择种植水果、花卉、蔬菜、中草药等高附加值经济作物或者马铃薯等高价格作物替代种植或者季间轮种，推动非粮化，粮食安全压力陡增。在农地价格虚高、农地经营成本增加，而农产品“天花板”价格依然不变的情况下，农地转入方为了扩大农地经营利润空间，除了选择非粮化，还会更注重扩大农地面积，选择大规模耕作而非集约高效耕作，土地利用率下降，粗放大面积种植获得短期收益或者过度利用农地资源而不注重可持续利用，背离了农地流转促进农业现代化发展的初衷，而且农地转入方更加注重国家粮食补贴以及政府的各项补贴，争取农业项目，甚至政府创租、官商勾结造成权力“寻租”。地租价格上涨使农产品价格有所上升，因此产生“蝴蝶效应”扩散至整个食品加工业，易形成“成本推动型”通货膨胀，不利于农产品市场的平稳有序、农产品加工业和食品产业的健康发展，也不利于农民增收、农业发展。

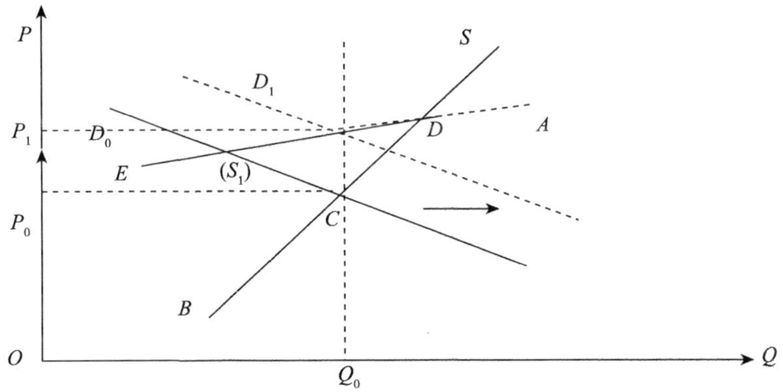

图 5-5　政府主导农地流转溢价导致“棘轮效应”

第二节　理性经济视角下政府主导农地经营成本弹性测度

一、农地经营成本弹性测度

1. 模型设定与数据来源

规模化经营实现规模效益是政府主导农地流转的最初目的，测度其成本弹性是衡量规模效益的依据之一，若成本弹性<1，那么规模扩张能够带来成本递减并形成规模效益，反之则未实现。本研究引入成本函数估计成本弹性，进而比较政府主导流转与市场配置流转下规模经营的成本弹性。数据源自内蒙古东、中、西部巴彦淖尔、乌兰察布、赤峰、通辽、兴安盟五个主要农业区，考虑到不同地域情况，样本规模均≥30 亩。目前，依靠市场配置的规模普遍较小，而政府主导流转的农地规模普遍较大。由于农产品销售价格是被动接受的，故可假定价格是外生的，成本函数简约形式为：

$$C = C(S,\ P) \tag{5.2}$$

式（5.2）中，C 为农地经营总成本，S 为农地经营规模（以面积表示），P 为农地经营投入的各要素价格向量。假设 P 包括：农地流转价格（P_1）、雇用劳动力工资（P_2）和固定资本投入（P_3，包含种子、化肥、农药、农膜、生产用水电、固定资产折旧及修理费租用机械、其他费用投入及农家肥等），三类要素（这里固定资本投入基本包含了除农地流转价格、雇用劳动力工资以外的所有固定资本投入项）成本函数模型设定采用 Translog 形式，因其相对 C-D 生产函数有着较为灵活的产出对成本弹性系数，已有研究多次使用，表达式为：

$$\ln C = \alpha_0 + \sum_i \alpha_i \ln P_i + \frac{1}{2}\Big(\sum_i \sum_j \alpha_{ij} \ln P_i \ln P_j\Big) + \gamma \tag{5.3}$$

根据泰勒展开式，得到二阶逼近式：

$$\begin{aligned} \ln C = \alpha_0 + \alpha_q \ln S + \frac{1}{2}\alpha_{qq}(\ln S)^2 + \alpha_{q1}\ln S \ln P_1 + \\ \alpha_{q2}\ln S\ln P_2 + \alpha_{q3}\ln S \ln P_3 + \beta_1 \ln P_1 + \frac{1}{2}\beta_{11}(\ln P_1)^2 + \\ \beta_{12}\ln P_1 \ln P_2 + \beta_{13}\ln P_1 \ln P_3 + \beta_2 \ln P_2 + \frac{1}{2}\beta_{22}(\ln P_2)^2 + \\ \beta_{23}\ln P_2 \ln P_3 + \beta_3 \ln P_3 + \frac{1}{2}\beta_{33}(\ln P_3)^2 \end{aligned} \tag{5.4}$$

应用 Sheohard's Lemma，对式（5.4）各要素进行一阶偏微分，其中对农地经营规模（面积）进行一阶偏微分，得到农地经营成本的弹性表达式：

$$E_q = \frac{\partial \ln C}{\partial \ln S} = \alpha_q + \alpha_{qq}\ln S + \alpha_{q1}\ln P_1 + \alpha_{q2}\ln P_2 + \alpha_{q3}\ln P_3 \tag{5.5}$$

式（5.5）中，E_q 为农地经营规模变动 1%对总成本的影响。当 $E_q>1$ 时，表示农地经营规模变动 1%引起总成本变动大于 1%，此时农地经营处于规模不经济状态；当 $E_q<1$ 时，表示农地经营规模变动 1%引起总成本变动小于 1%，此时农地经营处于规模经济状态；当 $E_q=1$ 时，表示农地经营规模变动 1%引起总成本的变化也是 1%，此时农地经营处于规模经济和规

模不经济的临界点。本书首先对式（5.4）进行回归估计，其次将获得的参数估计值代入式（5.5），最后得到政府主导流转下和市场自发流转下农地经营成本弹性测算结果。

2. 变量选取与数据检验

如前所述，因变量为“农地经营规模”（即面积 S），自变量包括农地经营“投入向量”和“控制变量”。“投入向量”又包括“单位面积经营成本”（C）、“可变投入成本”和“固定投入成本”（K）。“可变投入成本”由“农地流转价格”（R）和“雇用劳动力工资”（L）构成，“控制变量”涉及“经营者受教育程度”（E）和“经营者身份”（I），即干部或群众（商人等被归为群众身份）。对上述变量进行特征统计，结果如表5-1所示，S 和 C 在市场自发流转和政府主导流转下存在较大差异，且都在1%水平上通过 t 检验。从要素投入看，市场自发流转和政府主导流转下的 R 差异较大，且在1%水平上通过 t 检验。L 差异较小，且在1%水平上通过 t 检验，但市场自发流转下价格偏高，这可能与市场自发流转下适度规模经营用工较少且主要以季节性临时雇工为主（收获季节临时雇工工资普遍较高）有关，而政府主导流转下大规模农地经营更多依赖长期雇工，长期雇工较短期雇工更高的比例也决定了其雇工平均工资将被拉低。市场自发流转和政府主导流转下的 K 存在差距，这可能与政府主导流转下大规模经营的固定资产投入具有“集中采购低价”“统一安置低费”等优势有关。控制变量 E 两种流转模式存在差距，且在1%水平上通过 t 检验，但变量 I 未通过 t 检验，可能与经营者身份多样，受访者不愿透露过多信息等因素有关。

3. 政府主导和市场配置模式下农地经营成本的弹性测度

（1）估计结果分析。

回归前，首先对自变量进行相关分析，方差膨胀因子（VIF）和容忍度（TOL）验证的结果显示，两种流转模式下的各自变量平均方差膨胀因子分别为1.21和1.06，且各自变量中最大VIF值也仅为1.47（单位面积经营成本），TOL最低值也达到了0.68，最小VIF值为1.06（经营者受教育程度），可以判断，模型中多重共线性问题并不严重，模型处于可接受范围内。

表 5-1　主要变量统计特征与差异

变量	符号	市场配置农地流转		政府主导农地流转		均值差异的 t 检验（H_0：$A-B=0$）	
		均值	标准差	均值	标准差	t 值	p 值
农地经营面积（亩·年）	S	305.37	13.20	2135.58	125.72	−7.08***	0.000
单位面积经营成本（元/亩·年）	C	640.67	32.97	1003.43	93.27	−5.87***	0.000
农地流转价格（元/亩·年）	R	380.78	15.19	630.38	61.83	−7.05***	0.000
固定投入成本（元/亩·年）	K	520.09	23.59	503.77	28.45	0.98	0.347
雇用劳动力工资（元/亩·年）	L	64.45	2.87	59.07	5.31	3.21***	0.034
经营者受教育程度	E	1.93	0.07	2.59	0.12	−2.78***	0.003
经营者身份	I	0.25	0.03	0.48	0.04	−1.47	0.126

注：*** 表示在 1%的水平上显著。

为测度政府主导流转和市场自发流转模式下农地经营效应，即成本弹性，本项目对市场自发流转和政府主导流转下农地经营样本分别进行总成本方程（5.4）估计（软件为 Stata 12.0），为避免截面数据异方差现象导致的测度结果有偏，采用稳健 OLS 回归，结果如表 5-2 所示。两模型中关键变量系数估计结果显示：与成本有关的变量中，ln$S$、ln$R$、ln$L$、ln$K$ 的系数符号与理论逻辑相符。市场自发农地流转模式下，ln$S$ 显著，反映出随着农地经营面积的扩大，成本也有所提升；ln$K$ 显著，显示出随着农地经营面积的扩大，固定资本投入呈逐渐下降的趋势。控制变量 I 显著，表明越是村干部，其经营成本相对也越大，可能的原因是，越是村干部其农地经营规模依赖政府主导流转的比重也越大，由此带来的地租成本上升也越为明显。政府主导农地流转模式下，$\ln R$ 显著，显示出租金成本上升与经营规模同步，这与预期一致。控制变量 E 显著，但符号相反，显示出越是教育程度较高的经营者，其成本上升随规模经营的扩张也越不明显，这也与预期相符。

（2）规模经济效应测算与分析。

根据以上成本函数估计结果，结合式（5.5）得到两种流转模式下农地经营成本弹性：市场自发流转模式下农地经营的成本弹性为 0.929<1，显然此时是规模经济的，即农地经营规模每扩大 1%，所付出的成本仅需提高 0.93%，农地经营规模扩张可以带来相对较高的规模效益。而政府主导流转模式下农地经营的成本弹性为 1.006>1，显然此时是规模不经济的，即规模扩张带来成本支出更大，因而处于规模不经济状态。当前，各地热衷于依靠政府力量主导农地经营权流转进而发展规模经营的模式是成本无效的。

表 5-2　市场配置和政府主导流转下农地经营成本函数估计结果

解释变量	市场配置流转			政府主导流转		
	系数估计值	Std. Err.	p 值	系数估计值	Std. Err.	p 值
$\ln S$	1.815	0.785	0.043	1.152	1.132	0.415
$\ln R$	0.838	0.901	0.439	−1.127	1.413	0.426
$\ln L$	1.520	2.367	0.569	1.785	2.011	0.367
$\ln K$	−1.238	0.821	0.078	−1.804	1.137	0.116
$\ln S\ln S$	−0.004	0.033	0.906	−0.015	0.040	0.687
$\ln R\ln R$	0.013	0.027	0.458	0.143	0.042	0.008
$\ln L\ln L$	0.081	0.254	0.784	0.006	0.107	0.969
$\ln K\ln K$	0.185	0.038	0.000	0.154	0.043	0.003
$\ln S\ln K$	−0.011	0.035	0.658	0.131	0.164	0.418
$\ln S\ln L$	−0.154	0.121	0.203	−0.165	0.092	0.110
$\ln S\ln K$	−0.004	0.046	0.937	−0.015	0.819	0.849
$\ln R\ln L$	−0.206	0.158	0.147	−0.156	0.280	0.603

续表

解释变量	市场配置流转			政府主导流转		
	系数估计值	Std. Err.	p 值	系数估计值	Std. Err.	p 值
$\ln R\ln K$	0.034	0.065	0.538	0.061	0.042	0.163
$\ln L\ln K$	-0.031	0.105	0.780	0.015	0.067	0.937
E	-0.032	0.034	0.358	-0.112	0.041	0.007
I	0.168	0.067	0.027	0.194	0.067	0.006
_Cnos	2.381	7.048	0.698	8.079	11.337	0.478
样本量	138	78				
F 值	91.15	133.95				
R^2	0.911	0.943				

二、结论

本研究运用经济学的研究方法，分别选取内蒙古东、中、西部兴安盟、乌兰察布市、呼和浩特市、阿拉善盟四个区域，从政府主导农地流转的行为逻辑出发，通过比较政府主导型农地流转与市场配置型农地流转的农地经营规模效应，分析了政府主导型农地流转的现实困境以及与政策目标偏离程度，政府介入农地流转充当中介组织将农地流转市场分割为二元供需市场，农地流转市场作用主体由原来的农地流转供需方增加为“农户（作为农地潜在转出方）—政府（作为农地流转交易中介组织）”和“政府（作为农地流转交易中介组织）—农业规模经营主体（作为农地潜在转入方）”。市场分割、农地流转交易主体作用的变化使得供需扭曲，基于供需曲线形成的价格机制作用在供需扭曲下发生偏离，并由此带来不对等地位下承包户的一系列询价逻辑及其对农地经营成本、农地经营效应的影响。

研究结论是：在现有的基本国情下，政府主导型农地流转首要目标依然是“保证粮食安全，增加农民收入”。但政府主导型农地流转将原本“承包户到流入方”的一元供需市场分割为“承包户到政府”和“政府到流入方”的二元供需市场，这种市场结构的分割变化放大了农地需求弹性，诱致“地租乘数”，推动流转价格溢价；政府的介入将原本市场配置下的供需均衡变为有利于“卖方垄断”的供需失衡，农地流转转出方议价地位提升；此外，承包户占据“卖方垄断”地位下的基于“劳动力双重成本负担”的询价逻辑又助推了流转溢价的“棘轮效应”，使得流转溢价趋势很难扭转，流转溢价的“棘轮效应”在所难免；依靠政府主导流转而非市场配置所形成的大规模农地经营，其成本弹性未显现出可预见的<1，并没有单纯的农地面积经营规模过大而降低农地经营边际成本从而获得农地流转规模效应，即政府主导农地流转行为的政策效应并未出现预期规模效应与成本随规模扩大而递减，即政府主导型农地流转行为在贡献成本节支上是无效的。

政府主导农地流转之所以在效果和目标上发生背离，探究其深层次的根源和问题主要表现在：

一是对实现农地集约化规模化经营效应的目标实现路径认识不足，错误地认为通过农地规模流转实现大规模农地经营便可达到农地规模经营正效应。农地规模经营受制于农地流转速度和集中程度，农地流转规模经营效应的实现程度则取决于是否产生有效的（农户的）农地供给和（规模经营主体的）农地需求。中国广大农村地区耕地破碎化现象普遍存在，地广人稀但耕地资源少的内蒙古自治区也不例外，且因为地域宽广，村与村之间以及村庄与城市间相隔距离较远，耕地集中程度更差，人们又将农地流转规模经营等同于农地流转规模，缺乏农地流转集约化程度的考量，在这种情况下，政府主导型农地流转导致的结果仅是农地流转规模扩大，并没有真正实现农地规模经营的正向效应。本书认为，农地规模经营正效应的实现途径不单是通过农地集中规模经营，以扩大集中连片农地经营规模来降低农地经营成本从而实现农地规模经营正效应，还可以通过在现有的农地经营面积下改变农地资源禀赋，即增加农地投入实现“集约化高产经营”。农业规模经营的一个不容申辩的特征是“单产不下降”，依靠大规模而非高亩产获得的单纯农地产量总和增加不符合农业规模经营的内涵，

"农地集中连片且亩产不降低"是规模经营的本质要求，也是中央一再强调发展农地适度规模经营的根据所在。如果仅仅为实现大面积经营而忽视集中连片且不注重提高或保持农地产出率，显然与规模经营的宗旨和归宿背道而驰。可以说单一追求农地经营面积扩大而不考虑集中连片和单位农地产出率不下降的经营方式难以有效实现政府主导型农地流转政策目标，并且在政府主导型农地流转耗费农地成本与市场配置型农地流转相比无较大优势的情况下，更无法弥补政策目标损耗，因此政府主导农地流转正效应实现程度有限。

二是忽略农地要素投入而执拗地相信依靠扩大农地经营规模就能提高劳动生产率，这种错误的路径认识是无法实现政府主导型农地流转规模正效应的主要原因。政府大力促进农地流转一方面有其现实考量和政策目标期望，另一方面也有其借鉴"美国式"模式农地产业化发展政策的原因。在现实中，不少基层干部热衷于美国式的"人少地多"大规模经营模式，忽略美国式经营模式基础在于农地要素占据绝对比较优势，相信扩大农地经营规模是提高劳动生产率的最便捷途径，却没有考虑中国基本国情、农业发展轨迹、农地总量以及人均耕地占有量远低于美国的现实，生搬硬套美国式发展模式而出现"水土不服"的现象。况且内蒙古自治区尽管占据地广人稀的优势，但受限于耕地资源稀少且地力贫瘠，中西部相对于东部地区降水量稀少，农地自然禀赋条件差，这样的自然禀赋要想实现农地规模经营正效应依旧离不开有限耕地的单产（土地产出率）贡献，因此也预示着像美国那样大面积机械化经营且没有复种的"一年一季"耕种模式中长期内很难在我国实现。本书认为，当前通过农地要素的适度集聚发展规模经营是适应农业资源人均"稀缺"客观条件、顺应农村劳动力转移背景下水到渠成的一种经营模式"嬗变"，是能有效提高劳动产出率并且保障土地产出率的生产方式的悄然变革，这恰恰是现阶段提高劳动生产率、保障土地产出率的根本路径。不是单纯依靠政府主导农地流转扩大流转面积而是在保证农地集中连片规模流转后加大对于农地要素的投入和改善，从而实现农地规模经营正效应才是克服当前政府主导型农地流转经营效应低于市场配置型农地流转困境的有效路径。

三是渴望借助农机代替劳动力实现效益最大化是动因，因此仅仅单纯讲求农业生产机械化而忽视人力资本要素的挖掘也是导致政府主导型农地流转未实现农地规模经营正效应的原因之一。农地经营者在农地上投入资源配置的合理程度及其资源利用水平决定农地资源价值的实现程度，因此在农地规模流转后，如何能够引导农地规模经营主体在资源要素投入中实现可变要素和不可变要素的有效投入才是实现农地规模经营效益的有效途径。众所周知，农地经营效益受到两类要素投入影响较大，这两类是作为具有可分性“土地节约性技术”（生物化学技术）的生物化学投入（如良种、肥料、农药等流动资产）和作为具有不可分性“劳动节约型技术”的农机装备投入（如农用机械等固定资产等），两类投入对于农地产出率具有长期或者短期的作用。短期而言，生物化学投入可以改变土地理化性质、改良土壤营养成分，对土地产出率有决定性作用，只要保证投入足够的劳动力和流动资产，可以适当提高土地产出率，属于经济学中的短期生产理论范畴；长期来看，农机装备（技术）对劳动生产率有决定性作用，对土地产出率不产生直接影响，存在规模经济问题，属于经济学中的长期生产理论范畴。一般情况下，农地经营规模越大，固定资本（如农机装备等）越能得到充分折旧，当前在农村劳动力越来越多投向回报率更高行业的背景下，务农劳动力供给已超越刘易斯拐点，并进入刘易斯第Ⅰ阶段，务农工资的上升具有棘轮效应，这使得利用农机具替代人力进而降低成本成为一种被逼无奈的举措，但是人力资本和农机资本等要素的不合理搭配必然导致农地资源无法发挥最大价值，这也从侧面为政府和经营者试图通过政府主导流转大面积耕地，借鉴“外延式要素堆积”模式，发展大面积农机化耕种收提供了动机。但可惜的是这一方法很难适应现阶段我国的基本国情和典型农情。

四是政府主导型农地流转模式下政府干预力度超过合理界限便会扰乱市场配置作用造成政策效应失灵。市场配置资源的精妙之处在于供求双方耦合共生合力作用下相互制衡形成均衡价格，然而，政府主导行为的介入使得农地流转市场由一元供需市场割裂为二元供需市场，农地流转供给方不再为流转价格“询价”而担忧，反而因为资源禀赋、价格认知幻觉在出让土地时成为其保障“财产性收入”甚至可能增收的一种渠道，在农地流转时因为长期以来农地所担负的社会保障兜底功能以及农地长期归农户经营承包，农户将其看成自己的私有物，便会要求更高的价格，政府主导农地流转又人为固定了基本需求曲线，最终农户基于“理性经济人”假设进行农地流转价值多维评价极易抬高价格。表面上看，该行为是政府在推动农地流转过程中对于承包户承包权的一种保护，但无疑这是一种过分的保护，相对农地流入方则是经营权维护的一种“妥协”或者“不充分保护”，正如“鱼和熊掌不可兼得”。可以说政府因其自身公共性特征介入农地流转是过分“保护”承包户承包权的利益而损害了对于农地流入方经营权维护，政府主导型农地流转模式下农地流转价格升高，抵消了农地流转过程中交易成本的所得效益，不仅未带来农地要素成本的下降，反而增加了地租，增加了“大规模”农地流转获得性的机会成本，增加的溢价和所造成农地流转市场买卖双方的失衡，恰恰是当下农业“供给侧结构性改革”的重点所在，其根源还是政府与市场在资源配置中的定位问题。引导农地有序流转，打造农业适度规模进而发展现代农业才是政府职能所在，政府不该直接用行政手段配置资源或者干涉资源的合理市场流动，而是应该引导并建立激励创新的市场配置机制，形成合理的农地流转价格体系，这也是未来农业供给侧结构性改革中农业主管部门转变职能，克服农地管理服务职能错位、越位和防止政府政策失灵的主要任务之一。

三、政策启示

1. 适度鼓励和引导农地规模流转后实现规模集约经营，建立农地雇佣生产合约的两任委托—代理模型

首先，为实现农地流转规模效益，内蒙古自治区各级政府在主导农地流转过程中应建立农地规模效益评价指标，即规模效益和激励效益，鼓励大力发展家庭适度规模经营，加强对于农业种植大户、营销大户、专业合

作经济组织等新型农业经营主体的培训，完善“龙头企业+专业合作组织+家庭适度规模经营”和“园区基地+专业合作组织+家庭农场适度规模经营”等新型农业经营模式。目前内蒙古自治区境内农业生产水平较低，每年种植品种、产量都由农户自己决定，未根据市场决定，因此各地政府应当合理制定农业产业规划，长期持续地投入必将对实现农地有效流转、为农地流转后实现农业现代化发展提供帮助。

其次，长期以来农地承担着保障功能，农地流转后地方政府在现阶段承担着失地农民的社会保障压力，由于城乡统一的社会保障体系尚未建立，在农地流转后农地雇佣来源自然主要是本村或者邻村的农户，雇佣生产合约也大多为口头协定，同时雇工存在兼业化，即自身经营少量耕地的同时受雇于他人或者在依靠非农方式营生的同时受雇于他人从事农业生产，在这种情况下，受到农业耕作季节性影响，工资多为月结或者日结。根据 Holmatorm 和 Milgrom 多任务委托—代理思想，雇工边际努力成本、任务劳作风险、任务间的互替性和雇工风险规避度等因素都作用于合约激励系数，为了实现合约激励效用最大化，政府应适当引导农地流转后农地经营选择“固定工资+过程监督”“固定工资+收益分成+事后主（客）观评价”的雇佣合同形式，以合约的激励设计来提高合约当事人的工作效率，提高农地经营集约利用。

最后，农地流转承包经营权流转过程是各方参与主体相互利益博弈的过程，基于公共性和政绩考量地方政府希望以农地流转来促进农业现代化增加农民收入。另外，不论是农户还是农地经营方都希望通过农地流转从农地上创造利润，从而提高收入，因此政府在主导农地流转过程中应该积极引导各参与主体事前、事中、事后行为，根据各自需求设计适当激励方式、制度，完善各方主体收益分配，达到农地有效流转。

2. 优化政府农地流转补贴政策设计，构建农地承包经营权价格体系，完善农地流转市场机制

农地要素流转市场的核心是收益分配，农地流转价格是收益分配的一种表现形式。农地价格评定与一般商品不同，在政府主导农地流转的模式

下政府干预市场配置易扭曲农地流转价格，形成政府政策失灵。政府应当完善农地流转补贴政策的实施过程，农地补贴政策在短期内易产生农地流转溢价，有利于农地供给方进行价格寻租。而农业大规模经营主体则基于政策所带来的内生缺陷、创租效应、利润诉求，采取扩大经营规模的外延式发展模式而非提高农地产出率的内涵式发展路径，以实现农业现代化集约发展为诉求的政策目标难以实现。在政府主导农地流转的模式下农地流转机会成本、制度成本也最终增加，因此政府主导农地流转成本正效应发挥有限。基于上述情况本书认为：首先，地方政府在农地流转过程中应合理划分政府和市场的界限，不应盲目或者简单依靠政策追求农地流转短期目标，农业补贴政策应从容易创租的农业流转补贴政策向完善基础设施投入补贴政策转变，加大对于农业基础设施建设、设施设备推广使用或农田水利的修缮扩建、水肥滴灌一体化的普及推广、测土配方施肥技术的采用等技术采用的补贴。其次，政府应完善农地流转价格评定指标，农地需求方基于利润对于农地进行单维评价，而农地供给方在农地转出时则会综合农地的经济价值、社会价值、身份价值等进行多维功能性价值评价。因此，当前建立和完善农村土地流转市场机制的核心是建立市场化的价格机制，建立一套科学、完善的农地流转价格评估体系，从农地使用价值入手，通过对农地自然、经济等的评定，揭示农地质量等级，然后根据农地收益等评估农地相关资料，采取不同的估价方法，评出农地价格，即先分等定级再估价，在这过程中政府可以委托具有相关资质的中介组织进行评定。最后，政府应积极稳定地推进农村社会保障制度，稳定农地的有效供给，采取“因地制宜，量力而行，形式多样，农民自愿”的原则，多渠道、多形式地完善养老、医疗等保险保障方式。并且要加强中介组织建设，明晰和规范农地流转中介组织与政府之间的关系，保证中介组织的相对独立性，中介组织应作为政府、村委会管理农地流转活动的市场补充而不是政府或者集体命令的执行者，从而促进农地流转供需意愿的有效表达。完善农地流转市场培育需要从多方面入手，政府应该做好中长期规划，因地制宜，循序渐进，实现构建城乡统一的农地流转市场。

第三节　差序格局视角下的政府主导农地流转成本分析

政府主导型农地流转利用等级秩序、领导权威和政府强制力具有有序性、可控性强等特征，对降低农地流转的交易成本、提高农地流转绩效具有积极的正效应，但同时治理过程中也会产生高治理成本和社会成本。本书对于政府主导型农地流转成本的分析根据参与主体的不同分为：政府（村委会及相关政府部门）和流转方（种植大户或龙头企业、农户）。从政府的角度来说，政府制定农地流转市场交易规则，签订书面契约，规范合同内容，明确各方交易主体权责，提供稳定交易预期，增强了农地流转各参与方的信任程度以及履约意识，完善了农地流转双方利益分配，减少了日后农地流转纠纷隐患，降低了后期调解难度，规避了流转风险，可以说政府作为农地流转中介组织搭建流转信息服务平台，在一定程度上减少了监督、维护交易秩序等交易费用。政府主导农地流转下的合作社经营模式也有利于实现农地集中连片生产、农资规模采购、农机统一耕收，降低了种植成本，农户自发以土地入股组建农地股份合作社，从种子、化肥、农药、农膜、农机具等农地投入要素可以实现规模购买以降低价格，即使不以土地作价入股，农业合作社的服务功能同样也可以实现这一效果。另外，政府在主导农地流转过程中承担着构建城乡统筹的农地流转交易市场以及提供配套流转制度建设和基础设施建设等公共物品的责任，因此政府需要进行招商引资，制定政策促进人、财、物等要素向农地流转交易市场倾斜。在农地流转前，由于农地质量参差不齐政府往往要进行农地整治，这要求政府具有强大的财政基础。在农地流转后，农产品市场环境无法预测且具有脆弱性的特点，转入方需要较高的农地经营能力，农地经营品种的选择也相当重要，种植蔬菜、中药材等经济作物在面对频繁变换的市场环境时风险大，一旦遭遇重大经济损失，政府迫于社会稳定的压力不得不对转入方进行补贴支持。从而转入方和转出方的农地流转成本转嫁到政府身上。政府工作人员自身的能力、转入方的经营能力、农产品市场环境、流转主体双方彼此的信任程度、履约意识、文化水平、政策认知等因素都在一定程度上与政府在主导农地流转过程中付出的成本有正相关关系。政府必须支付组织成本，政府委托代理链长、政治家权威构建的强制服从成本和稳定性成本高、土地产权不清晰、官僚组织自身的内耗、道德风险问题、各级部门之间较高的利益协调成本，又促使政府比集体要支付更高的交易成本、治理成本，承担更高的风险成本。

政府主导农地流转在一定程度上大大降低了流转双方的交易成本、风险成本、种植成本。从农户的角度来说，在政府主导农地流转过程中，交易前寻找流转对象的成本锐减，在交易过程中，政府主导农地流转往往倾向于涉及农户数量多、农地长期、大面积流转，因此对于大部分农户来说，政府给出的农地流转价格往往高于自身预期值。这一方面会提高农户流转农地的意愿，加快农地流转速度，降低政府利益分配以及解决纠纷的成本，但另一方面可能会引致农户“待价而沽”的现象。由于议价地位的提升，转出户继续询价，甚至部分转出户形成“流转也可、不流转也罢”的心理，另外由于政府给出的农地流转价格高于大部分农户心理预期估价，形成“高抬价”推动农地流转价格“溢价”，造成农地资源的闲置浪费，降低农地流转效率，增加政府农地流转成本，而且价格一旦上升很难下调，“蝴蝶效应”的产生造成农地流转转入方被迫接受高地价，增加农地经营成本。从种植大户、龙头企业的角度来说，由于政府主导导致的“溢价”效应使得农地承包价格持续升高很难下调，这将在极大程度上决定流转的成败，而且农业经营的自然风险、市场风险以及农机设备的专用性都会对农地流转产生负效应。政府主导农地流转模式正效应难道小于负效应吗？这显然难以定论。尽管负效应已经在前文中列明，但政府主导农地流转模式下政府积极构建统一的农地流转交易平台，积极进行农地整治，加强基础设施建设，促使农地交易人格化向非人格化转变，转入方获得长期、大面积农地流转的机会增加，增强了其收入预期，农地经营种植成本也大为缩减。政府主导农地流转还有市场配置流转不具备的政府补贴收入、政策激励收入，都会增加转入方风险承担的能力，再加上前文开头所述的政府主导农地流转模式下的正效应，因此农地流转的正效应和负效应孰轻孰重仍然高下难判。

在前文研究中，针对政府主导农地流转成本弹性的分析主要聚焦在各方参与主体基于经济理性的农地流转收入成本比对，从而做出的理性行为决策，并由此进一步分析政府主导农地流转政策目标偏离程度，从而探讨政府主导型农地流转路径优化得出以上结论。但前文针对政府主导型农地流转与市场配置型农地流转的成本弹性测度并不完善。中国正处于转型时期，传统社会规则和现代经济规则会长期并存，农户流转行为决策因此兼具经济性和社会性特征。信任度对于农地流转成本也具有重要影响，信任是参与者对于未来尚未发生的事情状态的心理预期，信任程度和履约意识属于社会资本范畴，涉及两个乃至多个利益主体之间的关系，信任程度与承担风险成本度成正比。由于历史渊源影响，中国社会依据血缘、地缘等纽带构建起“差序格局”的社会关系网络，并形成“差序格局信任”。随着城市化、市场经济的发展，这种社会关系网络作用式微，但广大农村地区仍明显呈现出“差序信任格局”。受此影响，在农地流转实践过程中，农地流转转出户会优先考虑“圈内人”，政府主导型农地流转对于农地流转的价格显化、契约规范化、交易非人格化具有显而易见的强化效应。当前中国农村社会正处于急剧转型时期，农地流转过程中涉及多方主体利益分配，在信息不对称、流转市场不健全的情况下，农村当前存在的信任程度缺失和履约意识淡薄问题阻碍了市场配置农地流转的发展，在政府主导模式下政府介入能够稳定市场、提供交易信息、制定规范市场交易规则，节约交易成本，以契约关系取代“关系型人情市场”，在一定程度上会克服农村“乡土社会”人情关系对于农地流转的负效应。

基于农地流转差序格局的影响，农户在农地流转交易活动中面对不同的交易对象，彼此信任度差异较大，信任程度以及衍生出的履约意识由高到低分别为：政府、专业合作社、龙头企业、种植大户、亲属、本集体经济组织以内成员、集体经济组织以外成员。在市场配置农地流转模式中，由于信息不对称、产权不明晰、农村金融市场不完善，对于转出方

（主要为农户）来说需要将农地流转带来的经济效益预估值同风险程度相对比。一方面，对于农地流转市场看好，很容易“待价而沽”，农地资源闲置浪费问题突出；另一方面，当前市场的不健全，农地流转局限于本集体经济组织内部成员，转出方倾向于将农地流转给“熟人”，且多以口头契约为主，为农地流转利益纠纷埋下隐患，而农村社会青壮年劳动力流失问题严重，农地流转呈现出由农业技能完备的青壮年向基本或渐趋丧失农业生产能力的老龄人口转移。基于上述情况，政府积极介入并运用政治信任这种隐性激励机制，降低交易成本，迅速改变农业生产方式，集中农户手中的零散农地。农地流转规模大，流转主体多样，有利于降低长期平均成本，实现农地流转规模效益。因此，基于以血缘和地缘关系为纽带的中国乡村社会人际关系交往模式产生的农地流转“交易差序格局”，寻求根据个体之间不同的信任程度、人情关系而匹配不同治理机制从而形成农地流转“差序治理”路径，对于优化政府主导型农地流转政策目标具有重要意义。因此本书基于实际调查中出现的流转对象，在进行分析归类汇总后，最终形成本书的“差序格局关系”，亦即亲戚、本村农户、外村农户、新型经营主体、政府，分析差序格局对于农地流转的影响，包括农地流转租金规模和契约类型，比较政府主导型农地流转与市场配置型农地流转两种农地流转模式下对于差序格局的破除效果，从而优化政府主导型农地流转政策目标。

一、差序格局

由于特有的传统文化特征，中国社会形成了与西方社会“团体格局”（相对独立的个体间交往）不同的，以强调中国社会最深层的价值基础和构建原则的人伦释义作为基本内核，基于血缘、地缘、宗族关系等纽带个体因亲疏不同由内而外构建的社会关系网络，彼此间形成“亲”而“信”的人际关系模式，并且随着社会结构的变迁，工业化、城市化进程的发展，家庭的变迁，人口频繁地流动，当城市社会成员被组织到“单位组织”中，随着时间推移在农村先有不同村落间人民公社化、生产大队，后有各村农村经济合作组织，从而差序格局不仅有横向的以自我为中心的弹性的具有社会关系特征的“差”，还有重视社会结构向度的“疏贵贱”的具有等级特征的“序”，并且这种“序”通过伦理规范、教化权力、资源配置和社会流动等社会文化制度实现。因此，在横向、纵向两个维度的把握下，不同的社会关系导致信任程度的不同并导致互动法则的差异，亦即“差序信任格局”，这种社会关系网络在中国农村社会表现更为突出。“差序格局”最早由费孝通先生在《乡土中国》一书中提出，“我们的格局不是一捆一捆扎清楚的柴，而是好像把一块石头丢在水面上所发生的一圈圈推出去的波纹，每个人都是社会影响所推出去的圈子的中心，被圈子的波纹所推及的就发生联系，每个人在某一时间某一地点所动用的圈子不一定是相同的”。他认为在中国社会尤其是乡土社会中，每个人受到血缘、亲缘、地缘、宗族关系等影响以“己身”为圈中心，关系圈、亲密度、信任度譬如水波，影响度和关系随着半径距离的增加逐渐减弱，强弱程度取决于三者的叠加复合，形象描述了中国社会亲疏远近的人际格局。孙立平指出，差序格局社会网络不仅是一种人伦与文化模式，同时也是一种社会资源配置方式。Rotter 则指出，这是一种特殊信任，是附着在社会关系上呈网状分布的信任。在目前中国由传统向现代转型的过程中，以血缘关系为基础差序格局逐渐式微的时期，没有血缘关系的人们不约而同地“模拟”出血缘关系，具体表现为师徒以父子相处、大学舍友、同乡同校等，“拟血缘”以及在市场经济冲击下产生的以利益取向的“业缘”逐渐渗透进以血缘、亲缘等构成的横纵向社会关系网络，在长期的中国传统中演变成观念文化的一种，在未来相当长的时期仍然会继续维持中国社会关系的差序格局。

二、农地流转差序治理

中国社会是关系本位制，差序格局的社会网络不仅建构伦理道德和社会信任关系，还是一种配置稀缺资源的模式，并且渗透影响个体行为，差序格局下人们会依照关系强弱采用不同的互动法则，农户土地流转行为也受其不同程度的支配，夹杂经济理性成分和传统因素影响。罗必良和林文声认为，农地流转市场是掺杂亲缘、地缘和人情关系的特殊市场，并集中表现为“关系型人情市场”，在这种人际关系交往场中，农村地区居民以血缘和地缘为依托，合作方通常是具有血缘关系的亲属或者地缘关系的乡邻，而且土地质量等级越高，转出户越倾向于流转给与自己有地缘或者亲缘关系的人，且不需要签订书面合同，契约类型以口头协议为主，交易主体的地域空间小，协议条款规范性差，常常伴随着农地流转规模小、范围窄、价格显化程度不高的问题。当前城乡互动壁垒和村庄传统习惯形塑了农村社会的熟人关系网络，伴随着农户社会弱关系网络的稀缺和萎缩，由资源占据的目的导向和表达性行为的互锁形成的强关系网络取代了弱关系网络的工具性作用。差序格局的形成内嵌于社会关系网络中的“信任资本”，建构了社会关系网络资源流和信息流的分配和互动模式，信任本身是主体依据所处关系网络位置的资源获取模式，信任资本在信任关系网络的配置中作为主要媒介，与转出户的社会关系越近，要素越倾向于流向熟人占据的网络位置，农地流转交易的人格化特征显现，市场经济属性显化不足。

此时，这种依托“信任资本”的交易的价值显化程度越高，随着转出户在以信任为纽带的交易中获得的边际效用越高，越发倾向于该类交易，与人情价格的显化程度提高形成对比的是市场价格的显化程度下降。此外，在信任关系网络中熟人社会的非正式规则对风险有所约束，与外生交易相比信任资本对于内生交易的激励作用更大。

假说一：信任“差序格局”内嵌于农地要素的配置方式，易诱发农地交易的人格化倾向，且信任资本对交易的影响也呈现“差序格局”特征。

随着农村社会商品经济的发展，城乡壁垒的逐渐破除，尽管在农地流转过程中仍然呈现出缘于血缘、地缘的基于信任的农地流转“差序格局”特征，但以经济利益为导向的市场交易逐渐渗透，在这一阶段农地流转市场交易由于市场交易机制的缺乏仍不健全，第三方实施机制的不健全导致农地要素供给和需求信息不匹配，农地交易预期不稳定，干扰了市场的价格发现功能。政府作为第三方实施的主体毫无疑问具有制定农地流转交易规则、加强交易监管以及稳定市场预期等作用，可以促进市场价格的发现。基于信任的农地流转“差序格局”面临着经济利益考量和第三方实施的制约，政府充当农地流转中介对农地流转要素价格的市场化、提高交易的外生匹配具有重要作用。

假说二：政府主导土地流转可破除交易“差序格局”和促进交易的非人格化，且随着交易外生性的提高，政府主导对交易非人格化的激励作用增强。

黄光国将社会关系网络分别定义为强连带、熟人连带、弱连带和无连带。陌生人之间即为无连带关系，陌生人之间若发生农地流转交易则遵循市场公平交易法则，易出现机会主义行为；随着交换频率的强度区分强连带和熟人连带，较弱的为弱连带，弱连带是工具性关系，彼此之间的互动遵循公平交易法则，农地流转过程中则更注重短期“投资回报”；交易频率高、时间长的为熟人连带，熟人连带兼具工具性关系和情感关系，其农地流转交易遵循人情法则；以血缘、亲缘、业缘等纽带连接形成的为强连带，强连带必然是情感性关系，其农地流转行为遵循互动法则。不同的连带关系对应不同的治理机制，即为“差序治理”，在政府主导农地流转过程中，一方面政府主导农地流转对于交易非人格化、价格显化具有强化作用，可破除农地流转差序格局对于农地流转产生的负效应；另一方面，应探寻合理的机制寻求农村基层治理参与者在农地流转过程中对于政策目标实现的促进作用以及对于农地流转差序格局的破除作用，并巧妙发挥信任资本对于农地流转费用降低作用，发挥政府主导农地流转正效应。

三、差序格局下的政府主导农地流转的成本弹性测度

1. 数据来源

研究数据来源于内蒙古自治区东部、中部、西部农户调查，调查涉及15 个乡镇 75 个村、嘎查的 1321 农牧户。本次调研的目的是了解内蒙古自治区内部不同经济发展水平、不同资源禀赋的农村土地流转和产权实施状

况，为保证调研质量，调查的主要步骤包括：①根据地理位置和区域代表性，选择了5个地区，主要是因为这5个地区的经济发展水平和资源禀赋均存在明显的差异，易于考察农村地区差异化的土地流转特征；②为保证样本选择的随机性，课题组在每个县、旗（区、市）随机选择至少3个乡（镇），每个乡（镇）选择至少5个村、嘎查，每个村、嘎查随机挑选20户农牧户进行入户调查；③为保证调研数据的质量，本次调研的调查员全部为本校的学生，在正式调研之前，对每个人进行了系统的培训，内容包括问卷的内容和每个问题的确切含义。由于本研究需要的样本为发生过土地转出行为的农户，因此，经过对资料缺失和不适宜本研究的样本的处理，本研究最终采取的样本包括75个村共1321户农地转出户。

2. 变量定义与描述

本研究选择的变量包括因变量、主要自变量、户主特征变量、家庭特征变量和土地特征变量。为控制区域未观测到的社会经济和资源禀赋等要素对因变量的影响，本研究也设置了虚拟变量。具体的变量定义如表5-3所示。

（1）因变量。本研究的因变量为农地交易的对象、租金规模和流转契约的形式，其中农地交易的对象在模型5和模型6中被作为主要自变量使用。第一，流转的交易对象方面，农户农地转出的对象主要为亲戚和同村农户，二者占转出户总量的68.9%，交易对象为外村农户和新型农业经营主体的比率仅为31.1%。第二，农地交易的租金包括固定租金（现金）、实物租金和浮动租金，为便于比较，将三者均折算为当年的货币租金。对于不同年份发生的流转，通过历年的通货膨胀率折算成2018年的当量货币值。可以发现，农地流转租金的均值仅为568元，低于土地随机前沿生产的贡献率。第三，土地流转契约的形式方面，签订正式书面契约的转出户仅占样本的22%，契约形式仍以口头协议为主。

（2）主要自变量。主要自变量包括转出户的信任水平和土地流转是否由政府主导。在调研中，让农户对“您认为亲戚在多大程度上可以相信”“同村的农户在多大程度上可以相信”“外村的农户在多大程度上可以相信”“合作社在多大程度上可以相信”“农业企业在多大程度上可以相信”等问题进行 1~10 的打分，1 表示完全不信任，10 表示完全信任，值越大表示农户的信任程度越高。其中对合作社和农业企业的信任值进行加权平均表征转出户对新型农业经营主体的信任。从表 5-3 中可知，农户存在典型的信任“差序格局”，对亲戚、同村农户、集体经济组织以外的农户和新型农业经营主体的信任具有逐渐下降的趋势。进一步，本研究利用农户信任值建构了信任指数（引入计量检验）：首先，将各信任水平加权平均作为农户的社会信任水平，然后利用各信任水平除以农户的总体社会信任水平作为信任指数；其次，政府主导土地流转方面，有转出户的土地流转由政府主导，行政干预水平整体较高。

（3）其他控制变量。为控制如户主特征、家庭特征和承包地特征等因素对转出户土地交易对象选择和流转租金及契约选择的影响，本研究也对上述变量进行了控制。户主特征变量选择了户主受教育程度和户主非农就业经历，其中转出户中户主的平均受教育年限为 6 年，约 28%的少数农户从事了非农就业。家庭特征包括了家庭半年以上外出务工人数、家庭农业固定资产和家庭收入主要来源，土地转出户家庭中平均 27%的人员从事半年以上的非农工作，但在家庭主要收入方面兼业户和完全非农农户的比重分别为 26. 3%和 67. 3%，农业收入的重要性已较低。此外，农户家庭平均农业固定资产为 0. 367 万元。土地特征变量选择了家庭承包地面积和承包地地块数，样本转出户家庭平均承包地面积为 578 亩，但平均地块数也达到了 6. 103 块，土地细碎化程度较高。

表 5-3　变量定义与描述

变量		定义	最大值	最小值	均值	标准差
因变量	土地转给亲戚	1=土地流转给亲戚；0=其他	1	0	0.168	0.376
	土地转给同村农户	1=土地流转给同村农户；0=其他	1	0	0.647	0.501
	土地转给外村农户	1=土地流转给外村农户；0=其他	1	0	0.098	0.379
	土地转给新型经营主体	1=土地流转给新型经营主体；0=其他	1	0	0.267	0.312
	土地流转租金规模	将固定租金、实物租金与浮动租金折算成现金，并以流转当年为折算时间点	30	0	568.370	498.672
	土地流转契约选择	1=正式书面合同；0=其他	1	0	0.220	0.475
主要自变量	信任（亲戚）	对亲戚的信任度，1~10 值越大表示信任感越强	10	1	8.671	1.734
	信任（同村农户）	对同村农户的信任度，1~10 值越大表示信任感越强	10	1	6.502	2.593
	信任（外村农户）	对外村农户的信任度，1~10 值越大表示信任感越强	10	1	4.108	2.589
	信任（新型经营主体）	对新型经营主体的信任度，1~10 值越大表示信任感越强	10	1	5.326	2.437
	政府主导	1=政府主导农地流转；0=非政府主导农地流转	1	0	0.238	0.463
户主特征变量	户主受教育程度	受教育年限	15	0	6.351	2.781
	户主非农就业经历	1=有非农就业经历；0=无非农就业经历	1	0	0.284	0.413

续表

变量		定义	最大值	最小值	均值	标准差
家庭特征变量	家庭半年以上外出务工人数	指家庭半年外出务工人数占家庭总人口的比重	1	0	0.268	0.255
	家庭农业固定资产	万元	30	0	0.367	2.589
	兼业型农户	1=兼业型农户；0=其他类型农户	1	0	0.263	0.451
	完全非农农户	1=完全非农农户；0=其他类型农户	1	0	0.673	0，475
土地特征变量	家庭承包地面积	公顷	0.025	0.453	0.578	
	家庭承包地地块数	块	30	1	6.103	4.623
区域控制变量	东部	1=东部旗市；0=其他	1	0	0.369	0.481
	中部	1=中部旗市；0=其他	1	0	0.285	0.477
	西部	1=西部旗市；0=其他	1	0	0.260	0.423
	农业区	1=农业旗市；0=其他	1	0	0.342	0.346
	牧业区	1=牧业旗市；0=其他	1	0	0.382	0.472

3. 描述性分析

经分析（见表5-4），初步的发现是：第一，农地流转中转出户交易对象主要为亲戚和同村农户；第二，交易“差序格局”与信任“差序格局”呈现一致性；第三，随着交易“差序格局”的外延，农地交易价格和契约规范性均提高。

表5-4　信任格局、交易对象与农地流转市场化

流转对象	占比（%）	信任水平（%）	租金规模（元）	流转契约（%）
流向亲戚	19.21	8.21	162.08	2.75
流向同村农户	51.67	6.71	289.62	8.12
流向外村农户	14.38	4.19	416.61	55.94
流向新型经营主体	12.76	5.50	472.09	67.86

政府主导土地流转对交易“差序格局”的影响。表 5-5 和表 5-6 分别描述出了政府主导土地流转对交易“差序格局”的影响及当交易对象给定时政府主导对交易市场化的影响。表 5-5 的结果表明政府主导土地流转抑制了基于血缘和地缘形成的交易“差序格局”，并且提高了农地交易价格和契约的规范性；表 5-6 的结果表明在交易对象给定时，政府主导土地流转仍然提高了交易的租金规模和契约的规范性。更为严格的论证见计量检验部分。

表 5-5　政府主导土地流转对交易“差序格局”的影响

政府主导	流向亲戚（%）	流向同村农户（%）	流向外村农户（%）	流向新型经营主体（%）	租金规模（元）	流转契约（%）
存在政府主导	2.31	28.71	39.91	31.29	614.49	61.17
无政府主导	46.45	62.40	5.37	7.02	264.20	9.02

注：流转契约分为书面正式契约（1）和非正式流转契约（0）。

表 5-6　当交易对象给定时政府主导对交易市场化的影响

流转对象	政府主导	租金规模（元）	流转契约（%）
流向亲戚	存在政府主导	261.91	NA
	无政府主导	145.38	2.52
流向同村农户	存在政府主导	607.07	51.57
	无政府主导	271.24	4.83
流向外村农户	存在政府主导	413.36	67.75
	无政府主导	381.38	31.67
流向新型经营主体	存在政府主导	461.54	71.02
	无政府主导	492.16	49.11

注：“NA”表示该选项中农户样本过小导致统计偏差较大，不适宜本表的分析逻辑；流转契约分为书面正式契约（1）和非正式流转契约（0）。

4. 模型选择

为考察信任“差序格局”对农地交易“差序格局”的影响及政府主导土地流转对交易“差序格局”的解构机制，本研究识别了以下基本表达式：

$$Y_i = a_0 + a_1 X_i + a_2 Z_i + a_3 X_i Z_i + \sum_{n=1} a_4 D_{ni} + \varepsilon_i \qquad (5.6)$$

式(5.6)依据交易对象的不同可识别为4组模型：模型1中，Y_i 表示第 i 个转出户交易对象为亲戚，1表示交易对象为亲戚，0表示交易对象不是亲戚。X_i 和 Z_i 分别表示农户对亲戚的信任水平和土地流转是否由政府主导，$X_i Z_i$ 表示交叉项。D_{ni} 表示户主特征、家庭特征、土地特征、区域特征和时间特征等控制变量，a_0 表示常数项，a_1 至 a_4 为待估计系数，ε_i 为误差项，并符合正态分布。模型2到模型4中，Y_i 分别表示第 i 个转出户的农地交易对象是否为同村农户、外村农户和新型农业经营主体，X_i 分别表示转出户对同村农户、外村农户和新型农业经营主体的信任水平，其余变量和定义与模型1中一致。

$$Y_i = a_0 + \sum_{i=1}^{3} a_1 X_{li} + a_2 Z_i + \sum_{i=1}^{3} a_3 X_{li} Z_i + \sum_{n=1} a_4 D_{ni} + \varepsilon_i \qquad (5.7)$$

式（5.7）也识别两组基本模型，记为模型5和模型6。模型5中，Y_i 表示第 i 个农户的流转租金规模（租金规模的对数值），X_{li}、X_{2i}和 X_{3i}分别表示农户的土地交易对象是否为同村农户、外村农户和新型农业经营主体，$X_{li} Z_i$为交叉项，其余变量定义参见模型1。模型6中的 Y_i表示第 i 个农户土地流转的契约形式，1表示正式流转契约，0表示非正式流转契约，其余变量定义与模型5中一致。鉴于因变量的特征，文章将采用Probit模型对模型1到模型4和模型6进行估计，利用OLS模型对模型5进行估计，如表5-7所示。

表 5-7　土地转出对象选择的影响因素分析

变量		流向亲戚	流向同村农户	流向外村农户	流向新型经营主体
主要自变量	信任（亲戚）	-0.317			
	信任（同村农户）		0.402		
	信任（外村农户）			0.117	
	信任（新型经营主体）				-0.075
	政府主导	0.834	-1.927***	1.092**	2.321
	信任（亲戚）×政府主导	-1.781**			
	信任（同村农户）×政府主导		0.589*		
	信任（外村农户）×政府主导			0.613	
	信任（新型经营主体）×政府主导				0.792**
户主特征变量	户主受教育程度	-0.031	0.004	-0.027**	0.082**
	户主非农就业经历	-0.104	0.267*	-0.232	-0.069
家庭特征变量	家庭半数以上外出务工人数	0.276	-0.231	-0.091	0.031
	家庭农业固定资产	-0.005	-0.041*	0.052	0.004
	兼业型农户	0.467***	-0.033	0.177	0.402**
	完全非农农户	0.798***	0.178	-0.412*	-0.002
土地特征变量	家庭承包地面积	-0.122	-0.052	0.772**	-0.121
	家庭承包地地块数	0.008	0.028	-0.037*	-0.159
区域特征变量	东部	-0.412*	0.078	-0.031	-0.161
	中部	0.161	-0.042	-0.001	-0.121
	西部	-0.179	0.038	0.719**	-0.634
常数项		0.657	-0.178	-1.168***	-1.421***
观测值		496	496	496	496
平均膨胀系数		3.91	4.29	2.61	3.39

续表

变量	流向亲戚	流向同村农户	流向外村农户	流向新型经营主体
极大似然对数值	−187.458	−300.272	−149.022	−172.782
伪 R^2	0.162	0.103	0.291	0.160

注：***，** 和 * 分别表示在 1%、5% 和 10% 水平上显著；上述回归控制了 54 个村的聚类标准差。

四、结论

1. 政府主导与交易对象选择

表 5-7 表明，引入交叉项分析转出户土地流转对象选择的影响因素，表 5-8 统计了信任格局和政府主导土地流转对交易对象选择的边际影响。可以发现，转出户对交易对象的信任水平越高，土地交易的匹配度越高，并呈现从同村农户、外村农户到新型经营主体交易匹配效力依次下降的特征，验证了假说一。这是因为：首先，转出户的信任“差序格局”决定了土地流转也呈现出“差序格局”特征；其次，政府主导土地流转分别降低和提高了土地流转的内生匹配和外生匹配，并激励了农地交易的非人格化。这表明政府介入在促进人格化交易市场向非人格化交易市场的过程中起到了积极作用，与假说二一致。表 5-8 也统计了不同的政府主导土地流转下信任对农地流转交易匹配的影响。结果表明，政府主导土地流转强化了信任对农地交易的正向匹配效力，但匹配效应仍呈现从同村农户、外村农户到新型农业经营主体依次下降的趋势，证实了假说二。这表明，政府主导土地流转可以强化信任对交易的匹配效力，但固有的信任“差序格局”决定了匹配效力的主体“歧视”。

其他控制变量方面，转出户家庭以兼业和纯务农收入为主有助于提高土地流向亲戚，而抑制向新型农业经营主体的流转。这是因为：外出务工将土地转给内生性主体具有保障性和风险抵御功能，提高了农户面对失业的能力；户主受教育程度越高导致土地流向新型农业经营主体的概率越大，一方面是受教育程度提高降低了农户对土地的依赖度和增加了农户外出务工的概率，另一方面也意味着农户对国家政策和新型农业经营主体具有更高经济绩效具有更深的认知。

表 5-8 信任格局和政府主导土地流转对交易对象选择的边际影响

变量1	变量2	流向亲戚		流向同村农户		流向外村农户		流向新型经营主体	
		系数	Z值	系数	Z值	系数	Z值	系数	Z值
政府主导	总体边际影响	-0.199***	-6.30	-0.397**	-4.28	0.359***	6.16	0.235***	3.08
	总体边际影响	-0.101*	-1.79	0.194*	1.88	0.079*	1.81	0.057*	1.54
信任	政府主导	-0.114	-1.54	0.314***	2.90	0.255**	2.27	0.251**	2.23
	非政府主导	-0.100	-1.48	0.149	1.28	0.018	0.41	-0.010	-0.26

注：***，** 和 * 分别表示在 1%、5%和 10%水平上显著。

2. 交易对象、政府主导与农地流转市场化

表 5-9 表明，引入交叉项分析农地流转市场化影响因素的估计结果，表 5-10 统计了交易对象和政府主导对农地流转市场化的边际影响。可以发现，随着交易差序格局的外延，土地流转租金规模和契约规范化程度逐渐提高。这表明，土地流转的非人格化和交易差序格局的破除有助于提高农户的经济福利和促进农地要素契约型市场的发育。此外，政府主导土地流转也提高了农地流转租金规模和契约规范化程度，与假说二一致。表 5-10 统计了不同交易对象下政府主导对土地流转租金规模和契约类型的边际影响。结果表明，在交易对象给定的情况下，政府主导土地流转使得交易对象对流转租金规模的影响不再显著。这说明，政府介入确实可以破除交易“差序格局”对土地流转市场的抑制作用，与假说二一致。另外，政府主导土地流转提高了交易主体对规范化契约的选择，对外生性交易的激励作用强于内生性交易。这是因为，与内生性交易相比（流转给亲戚），政府主导可以弱化交易的非人格化倾向。随着交易对象向外村农户或新型农业经营主体转变，激励效应逐渐强化。

由此可见，随着政府的介入，土地流转中以传统的血缘和地缘关系网

络为基础的交易模式将逐渐被市场力量取代，而且政府介入在交易人格化向非人格化的过渡阶段具有较强效应。但政府的介入在市场化后期往往易导致“市场失灵”和“政府失灵”的双重陷阱。同时，就不同区域和不同行为能力的农户而言，政府的介入虽然可以带来要素配置效率的提高和交易的市场化，但经济福利的增加并不意味着农户主观福利的增加。尤其是出现的诸如剥夺农户的自主决策权和土地收益权、以规模经营为借口收回农民土地、与民争利、随意调整和切割村庄土地等情况，同时某些地区也出现了农民被限制或强制流转土地的现象，由政府主导的土地流转可能成为某些农业经济组织和个人牟利的手段。因此，政府主导土地流转在交易“差序格局”破除和建构新交易格局方面的经济效率并不一定满足农户的主观福利，需要理性对待这一事实。

其他控制变量方面，承包地地块数降低了土地流转的租金规模，可能的原因是细碎化的土地与整块土地相比具有交易方面的劣势，尤其是细碎化土地容易面临零租金的情形。

其他控制变量对土地流转的租金规模和契约类型影响并不显著，这表明在当前的土地流转市场的发育中，起主导作用的是政府力量和外生的市场机制，即土地流转尚处于需求方占主导优势的市场发育阶段。

表 5-9 农地流转市场化的影响因素分析

变量		土地流转的租金规模	土地流转的契约选择
主要自变量	土地转给同村农户	1.259*** (0.314)	0.128 (0.229)
	土地转给外村农户	1.725*** (0.405)	1.237 (0.456)
	土地转给新型经营主体	1.829*** (0.592)	1.775 (0.473)
	政府主导	0.645 (1.344)	-1.927*** (0.439)
	土地转给同村农户×政府主导	-0.041 (1.391)	4.695 (0.387)
	土地转给外村农户×政府主导	0.446 (1.438)	3.866 (0.380)
	土地转给新型经营主体×政府主导	0.328 (1.649)	3.782*** (0.651)
户主特征变量	户主受教育程度	-0.047 (0.031)	-0.029 (0.024)
	户主非农就业经历	-0.138 (0.255)	-0.070 (0.198)

续表

变量		土地流转的租金规模	土地流转的契约选择
家庭特征变量	家庭半数以上外出务工人数	0.630 (0.399)	-0.368 (0.395)
	家庭农业固定资产	-0.034 (0.026)	0.028 (0.035)
	兼业型农户	0.166 (0.239)	-0.210 (0.349)
	完全非农农户	0.272 (0.274)	0.178 (。201)
土地特征变量	家庭承包地面积	0.011 (0.016)	0.024 (0.018)
	家庭承包地地块数	-0.074*** (0.234)	-0.000 (0.021)
区域特征变量	东部	0.449 (0.234)	0.0780.282 (0.262)
	中部	-2.229*** (0.319)	-0.931*** (0.356)
	西部	-3.3662*** (0.462)	-0.038 (0.350)
常数项		5.048*** (0.489)	-0.455*** (0.485)
观测值		496	496
平均膨胀系数		3.91	4.29
极大似然对数值			-148.288
伪 R^2			0.421
调整的 R^2		0.494	

注：***，** 和 * 分别表示在 1%、5% 和 10% 水平上显著；上述回归控制了 54 个村的聚类标准差。

表 5-10　交易对象和政府主导对农地流转市场化的边际影响

变量 1	变量 2	土地流转的租金规模		土地流转的契约选择	
		系数	Z 值	系数	Z 值
流向亲戚	总体边际影响	0.760**	2.19	0.347***	8.12
	总体边际影响	1.245***	3.22	0.103***	4.28
流向同村农户	政府主导	1.212	0.97	0.542***	7.39
	非政府主导	1.275***	4.83	0.018	0.53
	总体边际影响	1.852***	4.21	0.203***	3.28

续表

变量 1	变量 2	土地流转的租金规模		土地流转的契约选择	
		系数	Z 值	系数	Z 值
流向外村农户	政府主导	2.236*	1.75	0.321***	9.02
	非政府主导	1.338***	4.67	0.231**	2.04
	总体边际影响	1.958***	3.86	0.418***	4.23
流向新型经营主体	政府主导	2.789	1.32	0.429***	3.19
	非政府主导	1.824***	3.12	0.583***	11.35

注：***，** 和 * 分别表示在 1%、5%和 10%水平上显著。

五、政策启示

本研究利用内蒙古自治区境内东、中、西部五个地区的转出户调查数据，分析了信任格局对农地交易对象选择的影响，以及政府主导土地流转对交易"差序格局"的破除作用。研究结果表明：农村社会传统的信任"差序格局"导致了农户做出农地流转行为决策时仍较依赖熟人社会关系，熟人社会关系网络信任与人格化交易具有内生性特征，信任"差序格局"内嵌于农地要素的配置方式，转出户对交易主体信任水平的提高有助于提高交易的匹配程度，随着信任"差序格局"的外延匹配效力下降，政府主导农地流转有助于破除农地流转交易"差序格局"，引导人格化交易向非人格化交易过渡并为其提供规则、制度保障，提高交易的外生性，有助于显化土地交易价格和契约规范化程度。

1. 构建完善的农地流转市场信息服务平台，加强各方主体信息沟通

完善的农地流转市场信息服务平台对于推动农地流转具有促进作用。中国农村社会具有封闭性、排他性的特征，尚未建立城乡统筹的土地流转市场，信息交易受阻，信息发现成本高，不可避免造成交易机会相对有限。对于农地流转转入方交易成本具有沉没成本属性且成本较高，农地流转转出方交易渠道有限，在信息不对称的情况下由于交易双方主体知识、经验等差异，交易预期稳定性差，这都对农地流转效率具有负效应。内蒙

古自治区大部分地区尚处于农地流转自发、盲目阶段，政府应该建立农村土地资源交易中心、农地流转服务中心、农地流转中介组织等具体机构满足在农地流转过程中产生的农地流转信息传输、农地流转交易撮合、土地资源价格评估、监督与管理、纠纷及冲突解决等服务，鼓励民间农地流转中介服务组织规范发展。各地利用信息技术搭建农地流转信息搜集与发布平台，尤其是向农地流入方提供土地流转信息；参照农地流转市场均衡价格评估农地使用权价格并在农地流转交易平台发布；汇总处理农地流转供需信息，对供需条件接近的流转双方主体进行撮合；积极促进农地流转存在利益纠纷的双方沟通协调纠纷；为农地流转转入方提供农产品市场行情预测咨询服务。

2. 提高农地流转双方信任度，增强契约意识，促进农地流转规范化

信任程度对于信息不对称情境下的农地流转绩效的提高具有正效应，建立农地流转双方之间的信任联系可以缓解农地流转逆向选择。建立有效的司法保障机构，利用法律法规或配套的信用制度来提高农地流转违约成本；构建沟通交流平台增加交易、交往频率；加强农村法制教育，强化农民法律意识，通过村规民约道德教化等增强农地流转双方契约意识，提高契约履约率；签订书面契约并且由政府或下设组织部门进行登记，规范合同内容，明确各交易主体权责；合理定位，充分发挥基层组织和村集体在农地流转过程中作为市场杠杆的调节作用，完善农地流转后流转双方保障机制，加强对于农地流转双方的行为监督，确保流转双方合法权益；构建公众对政府良好认同机制，取缔土地财政构建土地流转累进所得税，规范官员在土地流转过程中的行为，抑制公权力寻租与滥用，进一步增进农地流转各方信任度。

3. 破除城乡二元壁垒，拓宽农村网络边际和要素流动性，加强政府服务，约束公权力寻租

长期以来农村社会自封闭和脱离社会整体发展导致农村土地流转固有的信任“差序格局”的形成，具有典型的排他性和内部正反馈特征，在“差序格局”下信任资本具有主体锚定效应，强化了互信主体间的交易发

生和交易过程中信任资本对物质资本的替代，但对群体以为的陌生人则会存在较低信任，阻碍政府介入对于农地流转“差序格局”破除效应，因此应该改变体制结构造成的城乡差别化管理和互动逻辑，虽然目前这些不合理的制度包括城乡户籍制度、要素价格形成机制、差异化的社会公共服务供给方式等城乡壁垒正逐渐被破除，但与形式上的破除相比更为关键的是如何在财产权益和身份上消除城乡差异，建构城乡对等的社会化服务体系，扩大城乡之间的互动，将农村社会关系网络的边际外延不断延伸。政府作为地方信息服务平台，制定农地流转交易规则，构建农地流转市场交易仲裁机制，提供制度保障，采取补贴政策促进农地有效流转，对于破除人格化交易具有显著效果，但是依赖政府强制力和公权力介入农地流转，部分农户的自由流转意愿必定会或多或少地受到部分抑制，因此政府内部之间应该根据部门机构之间的相互牵制彼此约束，上级政府应该合理制定对于下级政府尤其是基层政府的农地流转激励指标，防止农地流转过程中“政府失灵”，造成权力寻租、社会资源的浪费。

第六章　政府主导农地流转下农户收入变化的测度

当前，在三权分置改革背景下，加快推进农村土地承包经营权流转，已经成为促进农业适度规模经营，优化农村土地和劳动力等要素时空配置，激发增收效应的重要选择之一。初期阶段，农地流转大多是村集体农户之间的自发行为，这种以市场需求为主导的农地流转模式在一定程度上促进了农村土地的优化配置与土地利用效率的提升，但由于受到流转规模的约束，影响了农户对土地的投资，限制了农业生产效率的进一步提高。伴随农村社会分化日益加深、农户资源禀赋变化和主观上对土地价值认知的差异，农户产生了多元化的农地流转意愿。但由于农地资源的特殊性以及农地流转市场建设存在诸多问题，往往难以达成一个让所有参与农地流转农户均满意的交易。为了弥补因市场机制不健全而引发的农地流转程序不合理、收益分配不均衡等问题，部分地方政府结合辖区农地流转特点，运用政府主导的方式参与农地流转，这样一定程度上从农地流转的程序合理性、收益分配公平性以及纠纷处理等方面有了较好的弥补。然而，这两种农地流转的模式到底会有哪些不同之处呢？下面，着重从农地流转产生的收益角度开展对两种流转模式的研究分析，探寻两者对农户流转土地后产生的收入层面的变化。

第一节　收入类型概述

收入是指企业在日常活动中形成的、会导致所有者权益增加的、与所有者投入资本无关的经济利益的总流入。收入主要包括企业为完成其经营目标所从事的经常性活动实现的收入，例如：工业企业生产并销售产品、商业企业销售商品、咨询公司提供咨询服务等实现的收入；企业发生的与经常性活动相关的其他活动，如工业企业利用闲置资金对外投资、对外转让无形资产使用权等所形成的经济利益的总流入也构成收入；企业发生的既不属于经常性活动也不属于与经常性活动相关的其他活动，如工业企业处置固定资产、无形资产等形成的经济利益的总流入属于营业外收入。我们将这一定义用于农户的收入，侧重为因农地流转而产生收入的变化。农地流转带来的不仅仅是农户租金的收入变化，更多的是因农地流转之后，农户的其他收入变化，包括转移至其他生产部门产生的收入所得，因土地经营规模的变化产生农业生产收入的变化，还有转移性收入等。

本研究将农地流转中农民产生的收入分为：经营性收入、工资性收入、转移性收入和财产性收入，以此来更加明晰地探寻农地流转对农户收入产生的影响。下文将逐一分析各类收入的基本情况及其作用机理。

一、经营性收入

经营性收入是指在农地流转中，因农地流转而引起的农业经营的各种变化，及其带来农户经营性收入的变化情况。研究的重点是农民农业经营性收入即农户家庭经营第一产业收入，包括种植业、林业、牧业、渔业、手工业、采集捕猎收入等。具体来说，农民的家庭经营收入是农民作为经营者而获得的报酬，主要是指农民通过经营家庭承包的土地而获得的实物和货币收入。农民家庭经营收入取决于农产品价格、播种面积、农业生产资料价格等因素的变化。

在此本研究重点关注在农地流转中土地转入农户土地生产规模的扩大（集中体现为粮食作物种植规模的扩大）带来的规模效应，以及由此产生的农业经营性收入的变化。农业生产规模经营，是指根据规模经济的要求和自然、经济、社会、技术条件的可能，将土地生产要素集中，通过生产规模的扩大以获取更大经济效益的农业经营方式，农业规模经营的目的在于实现规模经济。从理论上说，农业规模经营不等同于土地规模经营。但由于土地是农业最基本的生产要素，是其他生产要素投入的载体，土地经营规模在一定程度上决定了农业经营规模。因此，学术研究中常常把农业规模经营等同于土地规模经营，把扩大土地经营规模作为扩大农业经营规模的主要手段，土地的集中化在一定程度上带来农业生产的规模化。

农地流转后，会导致农户经营性收入产生怎样的变化呢？通过经营权流转的方式将分散、细碎化的土地集中至资金丰富、技能熟练的生产经营主体手中，实现对土地的集中经营管理，并通过资本、技术、劳动力等的投入，促使尽可能多的土地转入良好的生产经营条件下，包括丰富的农业生产劳动经验、先进农业技术和农业生产经验的推广及运用，以实现转入农户收入的提高以及农业经营规模化。

首先，现代农业机械化操作过程中，扩大经营规模可以降低分摊到单位农产品的固定成本，包括基础设施与劳动力投入。其次，农产品生长过程中种子、农药、化肥的批量采购及农产品的集中销售会降低生产成本与销售费用，交易费用的节省间接提高了单位土地效益，以最小化的成本实现最大化的利润。最后，规模经营有利于推进农业产业化，提高农产品的市场竞争力。高产出与高资金投入为农户开展农产品精深加工、延长农业产业链提供了可能性，农产品价值的提升成为农户创收的基础。农地流转对于高质量、高竞争力产品的开发还具有激励作用，种田大户、专业合作经济组织大面积流转土地后，会通过引进新品种、新技术尽可能地提高农田产出率。过去一家一户的种植方式导致种植技术参差不齐，而土地统一流转给大户或合作社后，用药、施肥都有专门的农业科技人员指导，生产原料与技术的改进提高了产量，也降低了生产风险，大大提高了承包主体的经营性收入。

二、工资性收入

工资性收入指就业人员通过各种途径得到的全部劳动报酬，包括所从事的主要职业的工资以及从事第二职业、其他兼职和零星劳动得到的其他劳动收入。工资性收入是农民利用自己的劳动力生产要素而获得的收入，是家庭经营之外获得的非农业收入。一般而言，农民能从非农产业获得劳动报酬的途径主要有：在本地乡镇企业获得的劳动报酬；进城务工所获得的报酬。工资性收入比重反映了农村家庭劳动力外出务工获得收入的情况，也从另一个角度反映了农民家庭对农业收入的依赖程度。农民工资性收入即农村成员受雇于单位或个人，靠出卖劳动而获得的收入。农地流转使得农地流出户获得可自由支配的时间，他们既可以到农业专业化公司从事劳动，获取工资性收入，也可以到城市第二、第三产业部门从事非农生产，从而实现从农业部门向非农部门的转移。

农地流转后，会导致农户工资性收入产生怎样的变化呢?

理论层面上，农户实现工资性收入的提高，最根本上是要解决劳动力与土地的依附关系。因此，实现农村劳动力挣脱土地的束缚，并且实现劳动力的转移才能有效提高农户的工资性收入。社会存在分工，农村劳动力转移与社会劳动力就业结构随着经济的发展而变化。刘易斯二元经济模型指出，发展中国家一般存在二元经济结构：一元是以较落后方式进行生产的农业部门，这一部门的劳动生产率和劳动报酬低；另一元是以现代方式进行生产的城市工业部门，这一部门的劳动生产率和工资水平比农业部门高。而传统农业部门的最大特点是存在剩余劳动力。剩余劳动力是相对于土地资源而言的，劳动力相对于土地过多，一些劳动力虽然出工出力，但其边际产量很低，低到接近于零甚至为负数。在城市部门吸纳农村剩余劳动力进行扩大再生产、取得剩余、积累利润、反过来又促进对农村劳动力吸收能力的循环往复过程中，伴随着农业剩余劳动力的不断流出，农业劳动的边际生产率逐步提高，农业劳动报酬的水平逐步与工业资本水平接近，农民生活水平逐步提高，传统农业部门得到了改造。刘易斯的二元经济模型指出了农业剩余劳动力转移的根本途径。在我国，一定程度上承担养老等社会保障功能的土地使农民产生普遍的“恋土情节”，承包地经营收入长期以来作为农民收入的主要来源，但随着社会分工日益增强，在农业比较利益低下、预期收益差、小规模经营农地增收有限的困境下，部分农户选择将土地流转，以实现劳动力与土地解放，从而将过剩的劳动力转移至第二、第三产业，充分利用人力资源，实现非农就业，最终实现工资性收入的有效提高。

现实层面上，通过农地流转，一方面，部分转出土地的农民可以通过外出打工、在居住地周边打工等途径而获得工资性收入；另一方面，那些通过流转土地而实现规模经营的农业经营主体也需要劳动人员，从而为部分转出农户提供劳动机会。随着农地流转的普及、流转面积的扩大，农村剩余劳动力增多，与此同时，农业规模经营主体也随着流转的普及而增加，其劳动力需求也随之增加，进而农民的工作机会增多，工资性收入快速增长。因此，有效地促进农村土地流转，能够在一定程度上增加农民的工资性收入，促进农民增收。

三、转移性收入

转移性收入是指农村住户和住户成员无须付出任何对应物而获得的货物、服务、资金或资产所有权等，不包括无偿提供的用于固定资本形成的资金。农民的转移性收入主要来源于家庭非常住人口寄回和带回、城市亲友赠送、离退休金、养老金、赡养费、国家救济、转移财政支付、扶贫帮困、退耕还林还草补贴等方面，在农民纯收入中所占比例很小，但却增长最快，这一比例由 2000 年的 2%增加到 2012 年的 8.7%（来自国家统计局数据），高增长速度主要是由于近年来惠农政策下国家对农业补贴力度的加大。农地流转过程中的转移性收入主要包括政府为鼓励农户积极转出土地，以奖励形式发放给每亩流转土地一定的财政补贴，以及为支持种田大户、合作社、家庭农场等生产经营主体而给予的补贴补助。2015 年中央一号文件明确：继续实施种粮农民直接补贴、良种补贴、农机具购置补贴、农资综合补贴等政策；完善农机具购置补贴政策，向主产区和新型农业经营主体倾斜，扩大节水灌溉设备购置补贴范围；实施农业生产重大技术措施推广补助政策；扩大现代农业示范区奖补范围。此外，有些地区为了减轻农民流出土地的后顾之忧，对满足条件的农户发放养老金，以加强流转农民的生活保障。很明显，政府为促进农地流转而对转入户与转出户的奖励、补贴都成为农民转移性收入的重要组成部分。这些旨在积极引导和推进农村土地承包经营权流转的政策都成为农户增加转移性收入的有效途径。

四、财产性收入

农民的财产性收入是指农民通过拥有的动产和不动产，包括资金、农业机械及工具、交通工具、土地、房屋等的（狭义）所有权、占有权和使用权获得的收入。具体来说，农民财产性收入一般包括利息、股息和红利、租金（包括农业机械）、出让无形资产净收入、储蓄性保险投资收入、转让承包土地经营权以及农村土地征收补偿收入等。相对于城镇居民来说，农民财产性收入普遍处于低水平，且呈现较大的波动起伏。影响财产性收入的不稳定因素较多，最为显著的是由于农民大部分资产，包括耕地、房屋、集体资产等，尚未发挥出增加财产性收入的作用，但这也使得财产性收入具有更大的上升空间和发展潜力。近年来，国家加大了对农民财产收入的关注。党的十八大报告中指出要“多渠道增加居民财产性收入”。财产性收入问题引起全社会的极大关注，2015 年中央一号文件《关于加大改革创新力度加快农业现代化建设的若干意见》提出：“激活农村要素资源，增加农民财产性收入。”生产要素从低效益部门向高效益部门流动才能实现资源的优化配置，将拥有的财产进行优化配置才能创造财产性收入。

农地流转会导致农户财产性收入产生怎样的变化呢？土地由于具有有限性和不可再生性，需要进行合理流动与配置，农地流转是土地这一资产创造财产性收入的必要条件。一方面，土地作为农民最基本的财产，对于农地转出户来说，农地流转收益本身就是农民财产性收入的重要组成部分；另一方面，其他一切收入都是财产性收入的基础，财产性收入的基数即是农民的各项收入。前面已经说明，农地流转对于实现农民经营性收入、工资性收入、转移性收入的增长有正向作用，因此农地流转也就成为农民增加其财产性收入另一维度的重要来源。充分盘活农地资源，改变小农分散经营下的低综合生产力与低收益，才能实现农村土地、劳动力、生产资本、各种信息资源以及新的科学技术等的合理应用和优化配置，并释放劳动力，实现农户利益的最大化。可以说，农地流转是宏观经济与农村内部经济发展到一定阶段的产物，是实现生产要素重新组合和资源最优利用的客观要求，也是提高农民收入、改善农民生产生活、缩小城乡收入差距的客观要求。通过上述分析可知，农地流转一方面实现了农户家庭由单一的农业经营收入向工资收入、流转收入、入股分红收入、财政收入的多途径收入的转变，有效拓展了农户增收途径；另一方面也意味着转出户放弃原先的经营性收入，且转入户失去工资性收入的可能，所以只有保证这两大主体流转前后预期收益增加，农地流转才能得以顺利进行。

第二节　农地流转对收入变化的影响分析

在城镇化快速发展的阶段，随着小农经济活力的释放殆尽，农地与非农用地边际收益的差距不断扩大，农村剩余劳动力的非农就业催生了农地的闲置以及农户对农地资源重新配置的需求，农村土地流转交易需求明显增长，农村土地承包权流转市场日益活跃。因此，合理、有序、高效地开展农地流转，一方面，有利于剩余土地向“种田能手”转移，实现土地的规模化经营，降低土地细碎化程度，带动粮食产量的增长和农业生产效益的提升，有利于优化农村要素资源配置和利用效率；另一方面，农地流转能够将农村剩余劳动力从土地束缚中解放出来，实现农村人口向城市转移，从事非农就业，带动农民非农收入的增长。

一、规模经济

规模效应又称规模经济，即因规模扩大带来的经济效益提高，但是规模过大可能出现信息传递速度慢且造成信息失真、管理官僚化等弊端，反而产生“规模不经济”。规模效应是一个经济学课题，即生产要达到或超过盈亏平衡点，即规模效益。经济学中的规模效应是根据边际成本递减推导出来的，企业的成本包括固定成本和变动成本，在生产规模扩大后，变动成本同比例增加而固定成本不增加，所以单位产品成本就会下降，企业的销售利润率就会上升。

规模经济在农业生产中同样存在，当农业生产规模达到一定水平后，由于各生产要素的有机结合产生了 1+1>2 的效应，使平均成本呈现下降的趋势。因此，促进农业生产的规模化，一定程度上会促进农民增收。土地流转后，农业生产得以规模化经营，提高了土地利用率，增加了土地产出效益，土地流转解决了以往土地分散、低技术种植的问题。土地经营权的流转，可以统筹成片的土地，适应规模化的机械种植要求，比传统落后的人工种植更能有效合理地利用土地资源，土地亩产量提高十分明显。充分利用土地的前提下，达到了土地产出效益的最大化。有利于实现农业生产规模化，获得规模收益流入土地的农民通过闲置土地流转，使农业耕作由传统、落后、小规模的个体经济变为先进、大规模的生产合作式经济，这样的耕作模式能够降低生产成本，获得农业规模收益和土地产出收益，在规模经营的基础上，使农民的收益获得持续增长。流转出土地的农民通过转让闲置土地的使用权，获得转让土地的租金收益。此外，农民还可以利用入股土地的形式，取得土地收益分红。对于农民来说，土地不仅是一种资源，更是重要的财富，可以通过土地财富的资本效应实现收入增加。

二、资源配置

农地流转对农户的资源配置产生了一定影响，主要表现为农户的土地资源和劳动力资源配置，其会带来农户收入状况的变动。

中国农户家庭经济资源中具有能动性的要素是土地和劳动力。其中，土地资源和劳动力资源的配置取决于农户家庭的整体理性决策。农户为了提高收入，通常具有将基本经济资源进行理性配置的倾向。面对收入增长的两大基本渠道——家庭经营收入和工资性收入，他们将根据自家的土地资源情况和劳动生产力状况进行配置。从总体上看，劳动力资源充分参与工资性劳动市场程度的提高将有利于增加农户家庭的收入。此外，土地资源参与流转市场程度的提高也将有利于提高农民收入。

1. 土地资源流转与农民收入增长

中国农村的家庭联产承包责任制促使农户开始作为基本的经济决策单位运行，随着农户越来越多地参与到市场化进程中，部分农村地区的农户已经成为“市场化”的农户，农户家庭对其经济资源的配置也需要符合市场对资源配置的要求。然而，土地集体所有的基本产权制度使得土地产权的完全流转非常困难。与此同时，农户家庭出于提高整体收入的考虑，根据家庭劳动力的情况而产生对农地流转的不同要求。土地产权的完全流转虽然难以获得，但实际上部分因为外出就业而缺少劳动力的农户普遍采用了将土地委托邻居或者亲属、朋友等经营的做法，使得事实上的土地经营权得以流转。但这种流转不具有稳定性，并不能形成农民对土地投资经营的稳定正向激励。农地的产权强度越高，作为生产要素，其被合理配置的可能性越大。土地资源的合理配置既包括农业生产的专业化分工的深化，也包括土地边际报酬与土地的边际收益之间存在均衡关系，进而使得两方面的效果都将提高土地的利用效率，从而增加农民收入。与上述观点相反，也有学者认为土地制度对农民收入影响并不显著。农村土地集体产权制度在一定程度上可能制约土地大规模的集中流转，然而这种制度约束却并不能阻碍农户家庭根据其经济禀赋情况对土地资源进行理性配置。当家庭劳动力配置于非农部门并且其相对收益更大时，农户就产生了农地流转的期望。当前，农村农地流转在正式制度背后形成的民间多种契约形式的农地流转行为普遍存在。

然而，农村普遍存在着的非正式契约形式的农地流转，表现为短期性和随意性特点，这种状况不利于农民收入的持续增长。其主要原因是：第一，由于当前大多数农地流转的“非正式”性，使得农民的农地流转具有短时性和不稳定性的特点。部分外出务工的农户家庭将其土地委托其他人经营，并没有使得农村土地得以真正集中经营，农民普遍缺乏在代管或者租赁经营的土地上进行长期投资的积极性，这使得长期以来农业生产收益偏低。因此，从农业生产经营者的角度看，短期的代管或者采取的租赁经营并没有较大程度地提高农业收入，只是被动地在土地上开展生产经营活动。相应地，由于土地收益普遍偏低，土地价值难以体现，这种“非正式”的契约关系也并没有给外出就业的农民带来较大的租金收益。第二，长期以来，农村外出劳动力在非农领域的劳动报酬也具有不稳定性，当农民在非农领域的收入遭遇风险时，留在农村的土地难以作为抵御经济风险的资产。由于农地流转规模总体偏小、价值偏低，完全的产权流转困难，因而无法形成对农村非农就业的资金支持。

从上述分析中可以总结出以下结论：一方面，从农户家庭经营收入增长方面看，农地流转市场的发展在相当大程度上能促进农民收入的增长；另一方面，从农户家庭成员非农领域就业与土地资产状况之间的关系上看，土地产权市场的发展和资产信贷市场的发展能促进农户家庭收入提高，反之则将阻碍收入的持续增长，为农民收入增长带来更多的不确定性。

2. 劳动力资源的配置与农民收入增长

与农户的土地资源相比，劳动力资源具有流动性的特点。因此，如何充分合理地配置劳动力资源也是农户家庭考虑的重要方面。农户家庭的收入增长来源于单位时间内相对收入渠道的拓宽和收益的增长。非农就业能提高农民收入，其原因是非农就业能带给农民更多的单位时间净收益。从短期看，农户更多地参与非农领域就业，并取得更高的工资收入是农户家庭收入增长的关键。改革开放初期，农户以家庭成员为主要劳动力进行农业生产劳动，并少有家庭劳动力外出在非农领域就业。随着宏观政策的调整和劳动力市场的发展，农户步入了市场化进程，更多的农户劳动力参与到各种类型的劳动力市场。这种劳动力市场既涉及农村内的各种正式的或者非正式的劳动力市场，也包括非农领域的劳动力市场。其中，更多的农村劳动力参与了外出就业的劳动力市场。近年来，农村外出劳动力逐年增加，他们的工资水平也呈现持续增加的趋势。

2018年，农民工总量为28836万人，比上年增加184万人，增长0.6%。在农民工总量中，在乡内就地就近就业的本地农民工为11570万人，比上年增加103万人，增长0.9%；到乡外就业的外出农民工为17266万人，比上年增加81万人，增长0.5%。在外出农民工中，进城农民工为13506万人，比上年减少204万人，下降1.5%。就收入而言，工资性收入为5996元，同比增长9.1%；经营净收入为5358元，同比增长6.6%；财产净收入为342元，同比增长12.9%；转移净收入为2920元，同比增长12.2%。

由此可见，农户家庭劳动力越来越多地参与农村以外的劳动力市场就业，劳动力配置和参与的范围也越来越广，农户劳动力市场化的进程也越来越快。相对于农户家庭经营劳动投入而言，家庭以外生产劳动的投入量增长迅速。家庭以外生产劳动投入量的增加，意味着农村中存在一定雇佣契约关系的劳动职位所吸纳的劳动力就业量增加。在外部宏观经济稳定增长的条件下，农户劳动力参与家庭外部劳动力市场将能从经济增长中获得一定的收益。这样，理性农户在外出收益大于其外出成本时将倾向于外出就业，并使得自家劳动力资源配置到更高收益的部门和区域，提高了家庭劳动力资源配置效率，从而能够整体增加农户的收入。

三、增收效应

农地流转对转入户家庭人均收入、人均种植业收入增长具有显著的增收效应，其正向影响的关键因素有：家庭纯务农比例、单位面积土地收益、农业投入增加值（即农户用于农业生产要素投入值越多，越有利于实现规模化经营，促进农业生产效益大力提升）。对转出户家庭人均收入、非农收入增长具有显著正向影响的关键因素有：家庭在外打工比例、固定资产值、补偿金支付，说明农地流转后家庭收入的增长主要与家庭固定资产水平、非农劳动力人口增长以及获得土地补偿额有关。其中土地流转面积和签订转租合同对流转户收入均具有显著正向影响。

劳动力转移层面。我国耕地面积有限，有限土地上承载的劳动力过多，是农民增收难、增收慢的重要原因。通过土地流转，能够释放出更多的劳动力从事各种非农产业，从而增加农民收入。能够推动农村剩余劳动力转移，实现非农就业，对于流转出土地的农民来说，可在非农产业领域从事新的工作，所获收入大多比务农收益要高。可见，土地流转机制的建立，能够使农民从土地中解放出来进行非农产业的生产和工作，促进农村剩余劳动力转移，向劳动密集型产业聚集，从而对我国城镇化、农业现代化进程起到助推作用。

土地产出方面。土地流转使土地集中向农村务农人员转移，有利于规模化生产经营。土地规模经营，有利于农业机械化水平的提高，实现统一种植，从而提高农产品的品质和生产效益。土地规模经营后，便于生产者组织农业生产、农业生产力资源优化配置以及先进农业科技的应用，从而节约农业生产成本，提高生产效益，使农民获得更多收益。农地流转有效增加了参与流转的农户家庭人均收入，就增长幅度而言，土地流转对转出户家庭人均收入的影响更大。农地流转使转入户的人均种植业收入出现明显正增长，人均非农收入略有降低，反映出转入户收入的增长基本与转入土地后种植业收入水平的提升有关。转出户人均非农收入出现显著正增长，其增加值对人均收入增长值的贡献率为 84.21%，说明转出户收入的增长主要与家庭剩余劳动力放弃土地耕作后获得非农收入水平的提高有关。

第三节 农地流转对农户收入变化影响的实证分析

随着社会分工的加快，农户作为“理性经济人”，在权衡农业生产与非农业生产的收入所得后，相当一部分农户放弃了农业生产，选择进入非农业领域，这不仅使得农户对农地的依附性有所减弱，也造成了大量农地长期处于闲置状态。为了增收及提高农地利用率，部分农户将自身闲置的农地进行了流转。最初，农地流转是农户之间自发进行，主要是市场主导下的农地流转，其流转规模偏小且程序不够规范。近年来，随着农地流转规模不断扩大，市场主导下的农地流转的弊端日益凸显，对农地流转顺利有序地进行造成了较大的阻碍。鉴于此，许多地区的政府部门开始逐步参与当地的农地流转事业，对农地流转的规模及程序等进行合理化的引导，促进农地流转顺利进行，以实现农地规模化经营、农村劳动力的自由流动和资源的优化配置。

实践证明，市场和政府主导下的农地流转对农地转出户和转入户的收入都会产生一定的影响。本研究基于农户的四大收入来源，分析农地流转对农户收入变化的影响，进而探讨两大农地流转形式对农户收入变化的影响。

首先，农地流转对不同类型农户收入的影响。农地流转在一定程度上能够有效地改善农户的收入状况。一方面，转出户能够通过劳动力的释放，进而从事非农业生产，获取更多的工资性收入，并且还可以通过农地流转获得一定的租金；另一方面，转入户通过转入较大规模的农地，扩大农业经营规模，实现农业生产效率的提高，以获取更多的农业经营性收入。

本研究结合内蒙古自治区的实际情况，从不同类型农户角度出发，对比收入情况，来进行更加深入的讨论。根据表 6-1 可以发现：第一，参与农地流转的农户，收入水平要明显高于未参与农地流转的农户；第二，转出农户的收入水平要高于转入农户，尤其是工资性收入与财产性收入要明显高于转入农户；第三，转入农户的农业经营性收入，在其总收入中占据 65%的比例，并且这一收入要显著高于另外三种类型的收入。

表 6-1　不同类型农户各类收入对比

农户类型		农业经营性收入	工资性收入	财产性收入	转移性收入	合计
未参与流转农户	年均收入（元）	6385	2649	515	3036	12584
	比例（%）	50	21	4	25	100
参与流转农户	年均收入（元）	6812	2715	623	3213	13363
	比例（%）	51	20	5	24	100
转出农户	年均收入（元）	1035	8563	1615	2929	14142
	比例（%）	8	60	11	21	100

续表

农户类型		农业经营性收入	工资性收入	财产性收入	转移性收入	合计
转入农户	年均收入（元）	8755	1148	648	3107	13658
	比例（%）	65	8	5	22	100

资料来源：《内蒙古统计年鉴》（2017）及研究调研数据。

其次，农地流转对转出户收入会产生影响。对农地转出户而言，在参与农地流转的过程中，随着农地流转会产生农地的租金报酬，带来农地财产性收入的增加；另外，许多农户在农地流转之后放弃农业生产，转向非农业生产，农户的工资性收入会增加。一般而言，转出户转出农地有利于发挥其非农就业的比较优势，优化就业结构，促进非农务工劳动力数量增加，并从非农就业方面，促进其工资性收入增加。此外，转出户转出农地有利于释放原先被占用在农业经营中的土地、资本等，为其带来地租和利息等财产性收入。针对转出户的转移性收入而言，在现行农业补贴政策下，转出户尽管转出了原有的承包地，但大多数地区仍将粮食直接补贴和农资综合补贴直接发放给原承包户，因而，转出农地并不会导致农户家庭转移性收入减少。并且一些地方政府为促进农地流转，往往对转出农地的农户给予一定的奖励和补贴。

最后，农地流转对转入户收入会产生影响。对农地转入户而言，其在农地流转中转入大量的农地，相应的政府惠农政策转移性收入会增加。并且农地规模的扩大，不仅使得农地经营性收入大幅度增加，而且有利于发挥其农业经营的比较优势，充分利用已有的劳动力等生产要素，促进先进的农业生产技术和大型农业机械设备的应用，提高农业生产能力，实现适度规模经营、降低农业生产成本和交易成本。

此外，农地流转增加了转入户的农地经营面积，使其现有的农业固定资产得到更充分的利用，而且农户家庭可能会因农地经营规模扩张而增加固定资产投资，家庭固定财产得到了充分利用，这有助于增加家庭财产性收入；但是家庭固定资产投资的增加会存在挤占其财产性收入来源的资产存量的可能性，进而减少家庭财产性收入。对农地流转对转入户家庭转移性收入的影响，本研究重点考虑农业补贴对家庭转移性收入的作用。转入户转入农地后可能需购买更多良种、购置更多农业机械，在现行的农业补贴政策下，转入户会获得更多的良种补贴和农机具购置补贴，这会带来农户家庭转移性收入的增加。并且一些地方政府为促进农地的规模经营，往往对转入户给予一定的奖励和补贴。就转入户家庭工资性收入而言，如果农地流转在扩大转入户农地经营规模的同时不需要改变农户家庭现有的劳动力资源在家庭就业和非家庭就业的配置格局，且转入户家庭劳动力等生产要素得到充分利用，那么将并不会降低农户家庭工资性收入；但如果农户农地经营规模的扩张使家庭劳动力更多地配置到家庭经营中，将对非家庭就业产生挤压，这一状况会导致农户家庭工资性收入减少。

一、描述统计

本节数据涉及内蒙古自治区东、中、西部，主要包括巴彦淖尔、乌兰察布、赤峰、通辽、兴安盟五个主要农业区，本研究结合不同地区情况，确定样本农户户均农地面积为 30 亩。据调查，近年来这些地区均有大量村庄出现了政府主导农地流转的现象。为了有效区分政府主导和市场主导两种形式，本研究的政府主导型农地流转样本农户主要在出现了地方政府推动大规模农地流转的村庄中选取；市场主导型样本农户主要在没有出现过地方政府推动大规模农地流转的村庄中选取。

在选取样本农户时，坚持以下原则：第一，尽可能保证两类村庄的社会经济条件相似；第二，样本农户的农地流转时间主要集中在 2015—2018 年，以保证农地流转对农户收入的影响具有稳定性和可比性；第三，所有的样本农户均按照随机抽样的原则在村庄内抽取。

根据表 6-2 的统计数据，政府主导下农地转出户的人均纯收入高于市场主导下农地转出户的收入，两者在人均纯收入的净差值为 487 元；政府主导下农地转出户的人均非农纯收入低于市场主导下农地转出户的收入，两者人均非农纯收入的净差值为 520 元。政府主导下的农地流转租金收入明显高于市场主导下的农地流转租金收入，每亩租金平均值为 1025 元，而市场主导下的农地流转每亩租金只有 925 元，因此就农地资源报酬收入而言，政府主导下农地转出户的农地资源带来的报酬收入要高于市场主导下的转出户的收入。

表 6-2　农地流转前后政府主导和市场主导农地转出户各项收入比较分析

（元）

项目	政府主导型转出农地农户			市场主导型转出农地农户			净变化差异
	2015 年	2018 年	差值	2015 年	2018 年	差值	
纯收入	11333	13363	2030	11386	12929	1543	487
	(10233)	(11126)		(9733)	(11026)		
农业纯收入	1658	423	-1235	1538	393	-1145	-110
	(1785. 26)	(659. 25)		(1685. 26)	(669. 25)		
非农业收入	8456	9805	1349	8056	9925	1869	-520
	(8658. 23)	(10021. 36)		(8658. 23)	(9821. 36)		
租地收入	3. 59	1025	1021	6. 59	925	919	102
	(20. 65)	(892. 44)		(28. 35)	(792. 44)		
其他收入	213	267	54	183	223	40	14
	(183. 64)	(210. 68)		(163. 64)	(180. 68)		
土地资源禀赋	2003	1843	-160	1603	1463	-140	-20
	(2230. 53)	(1687. 05)		(2030. 13)	(1586. 35)		

注：农业纯收入只扣除了农业生产物质费用，未扣除自家投入劳动力成本。表中所有收入变量都是根据以 2015 年为基期的消费者物价指数进行换算得来的。人均其他收入包括农户的养老保险金收入以及政府其他补贴性收入。

二、模型构建与计量分析

1. 模型构建

在分析两种流转形式对农户收入的影响时，本研究运用倍差分析（DID 模式）来评估政府主导与市场主导下农户收入差异。DID 模式的基本原理是将调查样本分为两组，一组是受政策影响的参与组，称为处理组；另一组是不受政策影响的对象，称为对照组。本研究将政府主导型样本农户作为处理组，市场主导型样本农户作为对照组，通过控制时点差异因素和农户个体差异因素，比对农地流转前后处理组和对照组之间农户收入的差异。模型的基本设定为：

$$Y_{it} = \alpha_0 + \beta_1 t + \beta_2 P_i + \delta(P_{it}) + \alpha_1 X_{it} + a_i + u_{it} \tag{6.1}$$

式（6.1）中，Y_{it} 代表 t 时期 i 农户的人均各项收入，P_i 是一个二值虚拟变量，政府主导下农地转出户取值为 1，农户主导下农地转出户取值为 0。设立交叉项 P_{it}，以评价两种类型农地流转对农户收入的影响差异。X_{it} 是一组因时而变可观测的影响收入的控制变量，包括家庭人口数、户主年龄、家庭劳动力比例等。a_i 是非观测效应，控制随时间不变的不可观测因素。u_{it} 是特异性扰动项，控制因农户和时间而变化的影响因素。δ 是政策净效应，衡量两种类型农地流转对农户收入的影响差异。非观测效应综列数据模型的估计方法有随机效应模型、固定效应模型和一阶差分模型。随机效应模型对非观测效应 a_i 和 u_{it}、X_{it} 有很强的不相关假设，现实条件很难满足。因此，考虑固定效应模型或一阶差分模型，两者的区别是扰动项 u_{it} 是否满足无时序自相关，若满足，则使用固定效应模型更有效。

2. 计量分析

对于政府主导与市场主导农地流转对农户收入影响差异的分析，本书使用 Stata 12.0 软件对模型（6.1）进行计量经济检验，其中各指标的影响因素如下，人均纯收入的影响因素基本上和人均非农业收入相同。其中，时间变量代表了农地流转后农村经济发展带来的收入效应，这种效应显著地增加了农户非农业收入和总体收入水平。户主年龄平方项与人均纯收入和人均非农业收入关系显著且系数为负，说明年龄与收入呈现倒“U”形关系。农户家庭劳动力比例对家庭人均纯收入和人均非农业收入有显著的正影响，劳动力资源丰富的家庭收入水平较高，并主要反映在对非农收入的贡献上；农户家庭人口数对土地租金收入有着显著的负影响。控制其他变量后，政策净效应代表了两类农户各项收入的净差异，具体分析结果如表 6-3 所示。

根据表 6-3 可得出，相比于市场主导下的农户，政府主导下农户人均纯收入、人均非农业收入和人均农业收入都有所减少，但人均租地收入、人均农地资源报酬显著增加。其中：政府主导下人均非农业收入低于市场主导下农地转出户，说明市场主导下农地流转使得农户劳动力资源非农配置效率提高；政府主导下农户人均农业收入加上人均租地收入比市场主导的转出户显著高 230.5 元，说明政府主导下农户土地资源得到更好的配置，土地报酬性收入增加得更明显。但就各项收入总和来看，市场主导的农地流转所带来的收益更大。

根据政府主导和市场主导农地流转对不同从业类型农户收入影响差异的分析，本研究筛选了 2015 年处理组和对照组中 325 户农户，其中农地流转前以农业生产为主的农户数据 173 个（政府主导下农户 25 个，市场主导下转出户 148 个），以非农业为主的农户数据 152 个（政府主导下农户 30 个，市场主导下转出户 122 个）。根据表 6-4 的统计数据，结合各项收入的政策净效应估计值，两种农地流转形式对以农业生产为主的农户收入差异更大，对照组农户人均纯收入比处理组高出 1926.32 元，且收入差异主要来自人均非农业收入；对于以非农业生产为主的农户，处理组农户人均纯收入虽低于对照组农户（差值为 1256.45 元），但是收入差异小于以农业生产为主的农户。对于流转前以农业为主的农户，对照组的农地资源得到了更高效配置，人均农地资源报酬比处理组高出 69.34 元；对于流转前以非农业为主的农户，政府主导下转出户农地资源得到更好的配置，人均农地资源报酬比市场主导下农地转出户高出 384.75 元。值得注意的是，虽然处理组农户农地资源报酬收入显著高于对照组农户，但政府主导下农地流转农户农业收入仍低于市场主导下农户（差值为 1067.36 元），农地流转租金收入尚不足以弥补家庭减少的农业收入。总而言之，无论是以农业为主还是以非农业为主的农户，市场主导下的农地流转的家庭劳动力资源非农配置是最有效率的，流转后劳动力资源配置效率进一步优化，明显地增加了非农业收入，带来的总收益更大。

表 6-3　政府主导与农户主导下农地流转对农户收入影响固定效应模型估计结果

（元）

变量	人均纯收入	人均农业收入	人均非农业收入	人均租地收入	人均其他收入	人均土地资源报酬
政策净效应	-987.3	-368.3*	-1364.2	563.4***	-2.687	413.4***
	(-1.25)	(-1.65)	(-1.12)	(5.23)	(-0.63)	(3.53)
时间	5987.3***	-756.5**	6394.3***	297.6	-59.45***	-367.6
	(3.12)	(-2.23)	(3.54)	(1.36)	(-6.21)	(-1.38)
户主年龄	1523.6	235.2	1361.2	-263.3***	-5.86	-163.3
	(1.29)	(1.68)	(1.63)	(-2.95)	-1.35	(-2.55)
户主年龄平方	-17.98**	-0.786	-16.98*	0.689	0.243***	1.689*
	(-2.31)	(-0.68)	(-2.03)	(1.63)	(7.89)	(1.63)
户主受教育年限	913.4***	-213.8***	936.3***	159.5***	-3.158***	59.5
	(4.23)	(-7.10)	(3.56)	(12.68)	(-5.01)	(1.68)
劳动力比例	7561.5***	76.15	7635.9***	185.3	-39.56***	85.3
	(2.98)	(0.35)	(3.25)	(0.85)	(-3.45)	(0.85)
家庭总人口	-2987.3*	139.4	-2963.4	-320.6***	42.65	-220.6***
	-2.12	(0.89)	(-1.63)	(-3.7)	(-3.14)	(-2.7)
承包地面积	-25.94	-114.6***	-36.44	105.3***	0.365	75.3
	(-0.25)	(-3.25)	(-0.52)	(6.85)	(5.98)	(3.85)
地区	-745.25	1645.23***	-1056.58	-1058.75***	485.64**	58.75**
	(-0.68)	(6.56)	(-0.58)	(-8.69)	(5.32)	(3.69)
常数项	-7695.6	-9012.3*	-7854.3	9754.9***	3698.25	3754.4
	(-0.36)	(-1.69)	(-0.36)	(3.69)	(3.52)	(1.69)
R^2	0.28	0.49	0.30	0.71	0.76	0.57
N	485	485	485	485	485	485

注：①***，**和*分别表示在1%、5%和10%水平上显著；②括号内数据为t检验值；③模型中也包括农户2015年的各项收入变量。

表 6-4　政府主导和农户主导下不同从业类型农户收入固定效应模型估计结果

（元）

解释变量	以农为主农户		以非农为主农户	
	政策净效应（δ）	拟合优度 R^2	政策净效应（δ）	拟合优度 R^2
人均纯收入	-1926.32	0.64	-1256.45	0.23
	(-1.57)		(0.45)	
人均农业收入	-1067.36**	0.56	-203.56	0.65
	(-2.06)		(-0.89)	
人均非农业收入	-2345.652	0.63	-1523.33	0.28
	(-4.23)		(-0.68)	
人均租地收入	652.45***	0.73	408.35***	0.83
	(6.35)		(4.96)	
人均其他收入	10.57	0.81	-1.63	0.69
	(0.64)		(-0.36)	
人均土地资源禀赋	-69.34	0.16	384.75***	0.62
	(-0.19)		(2.63)	
N	132	132	323	323

注：***，** 和 * 分别表示在 1%、5%和 10%水平上显著。

3. 计量分析结论

通过对比分析政府主导型与市场主导型农地流转对农户的收入影响差异，并对两种农地流转形式对农户的增收效果、对农地流转的劳动力以及土地资源配置效应进行评价。本研究得出以下结论：

第一，农地流转对农户的收入具有正效应，但对于农地流转双方而言，农地流转市场促进农民增收的具体作用机制存在差异。针对转入户的收入，相比流转之前产生了 9%的增长；转出户则产生了 12%的增长。对于转入户而言，农地流转中主要通过两条路径实现农民增收，一是农地的转入扩大了农户的经营规模，单位农户家庭实现更大规模的农业生产，使得农户因农地资源不足而闲置的剩余劳动力得到释放，实现农户家庭收入的外延式增长。二是通过集约化、机械化、专业化经营实现规模经济，从

“小农”向“职业农民”进一步转变，提高了农户经营能力和农业全要素生产率，农业发展方式的转变使得农业生产和农户家庭收入实现内涵式增长。对于转出户而言，外出打工是农户转出农地的主要原因，转出农地对农户的增收效应也主要来源于两个方面，一是因农地承包经营权流转后带给转出农户财产性收入，这是农民通过农地流转实现增收的直接因素。二是劳动力流动带来的间接因素，即农地流转后农民从生产率低的农业部门完全转向生产率较高的非农部门就业，劳动力流动带来农民工资性收入和经营性收入的增长，进而实现农户增收。

第二，转出农户在参与农地流转的农户中占比更大。因此，广大农户的转出意愿比转入意愿更为强烈。农户转入农地的目的在于扩大种植规模、增加农业收入。转入农地的农户衡量了家庭劳动力状况后，确定有时间和精力经营更多的农地，尤其是农机普及使得在家庭劳动力不变的前提下扩大耕种规模成为可能，且事实上农村不少种粮大户原本就是农机使用大户，这在一定程度上也会增加转入农户的财产性资产。农户愿意转出农地主要是因为家庭劳动力不足，其中，有的可能是家庭劳动力因病或是年老，有的可能是劳动力外出打工，从而导致部分或全部耕地被撂荒。长期撂荒不仅会使耕地质量下降，还可能被他人抢占或者由村组织收回重新分配，因此这部分农户转出意愿往往比较强烈。

第三，市场主导下的农地流转使农户劳动力资源得到了更高效的配置，带来的总收益更高。市场主导下农地流转的农户，人均非农业收入比政府主导下农地流转农户高出 1536 元。其中，以农业为主农户人均非农业收入比政府主导下农地转出户高出 2345. 65 元，以非农业为主农户人均非农业收入比政府主导下农地转出户高出 1523. 33 元。这反映出，政府主导下的政策效应不明显，未能达到良好的效果。相比之下，市场主导的农地流转反而具有较高的效益，对农户的收入产生了更为显著的正效应。

第四，参与农地流转农户的教育年限与年龄对农地流转具有一定的影响。具体来说，农户的受教育年限与人均非农业收入、人均租地收入、人均农地资源报酬的影响具有正向显著性，农户的受教育年限越高，在参与农地流转中更能有机会获得更高的非农业收入、租地收入和农地资源报酬。

第五，不同农地流转形式都存在一定的问题。一是政府主导农地流转产生的增收效应往往未能大于农户自主流转的增收效应；二是农户的受教育程度与农地流转之间具有正向的显著性，这表明需要对农户进行加强农地流转的相关技能培训以及信息的宣传，进一步增加农户的收入；三是现今农地流转市场面临转出少、转入多的现象，这表明农地流转市场的规模进一步壮大，但农地的转入方并未通过农地流入数量的增多而实现收入的增加。这在一定程度上说明，农地流转市场并未能很好地协调农地转出方和转入方两者的价值利益，包括转出方的农地租金是否合理，转入方是否能够实现很好的规模效益。

三、政策启示

1. 尊重农户的农地流转中的主体地位

农地流转面积应符合实现农户收入最大化目标。政府在有些情况下为了满足规模经营主体的用地需求，往往限于推动农地集中连片流转。但对于以农业生产为主的农户，农地转出面积过大，流转后农地利用效率降低，农地资源报酬也随之降低，剩余劳动力也难以得到有效转移。因此，农地流转面积不能仅从规模经营主体的角度考虑，还要尊重农户意愿，保护农民农地经营权利。对于以农业生产为主，不愿意农地转出的农户，采取结合“实地情况，调换农地”的措施解决。

2. 建立健全农地流转市场

建立起统一联网的农地流转交易平台，及时有效地发布农地流转的供求信息，县或乡级平台提供交易竞价、合同签订、鉴证、抵押融资等服务。个体农户在农地市场中的谈判能力较弱，往往处于不利地位，农户之间直接的农地流转不利于农地资源价值的实现。通过政府统一建立的平台实现规模连片流转农地，能够规范农地流转价格，增加农户农地流转报酬所得。通过鼓励农户借助政府建立的平台进行农地流转，以获得更高更合理的租金收入，同时也实现农地的价值。在统筹城乡发展的战略下，积极鼓励农民参与社会保险，充分调动农村内部各经济主体参与农地流转市场的积极性，一定程度上减少农地流转交易过程中的成本，增强农地流转的抗风险能力，促使农村农地流转市场得到快速、健康、有序发展。

3. 因地制宜采取多元化的农地流转和劳动力扶持政策

针对不同类型农户采取多元化的农地流转和劳动力扶持政策，对于以农业生产为主的农户，要优先满足他们的种地需求，不能片面地追求经营规模而剥夺小农户经营农地的权利。同时，针对转入农户而言，要完善金融政策、补贴政策，扶持以农业生产为主的农户转入农地成为种田大户，在资金与技术层面提供保障，利用其农业生产比较优势扩大农地经营规模以增加收入。对于以非农业为主的农户，农地转出后可以采取就业培训、推荐就业等措施促进农户剩余劳动力转移，增加农户非农业收入。保证农地市场和劳动力市场的发展，以劳动者自发参与为主体、政府部门适当引导，促进农地流转市场、农民外出就业劳动力市场和就业培训市场效益不断增加。

4. 变革农地流转利益分配机制

通过研究发现，我国农民收入结构中农地流转的收入很低，主要源于我国农村农地流转的价格太低。农地流转是为了实现农地规模经营、农业现代化，流转之后的农业生产效率应该逐步提高、农业生产收益不断增长，然而目前农村农地流转价格单以粮食产量来计算，这在一定程度上是不合理的。农地不仅是生产资料，而且是相对稀缺的生产资料，流转农户应该享有流转后收益的分配权利。要逐步改变现有农地流转利益的分配机制，让农民也成为农地流转后收益分配的主体之一，这样才能够有效提高农民农地流转收益，也可以提高农民流转农地的积极性与主动性。

5. 完善农地流转市场化的中介服务体系

农地流转通过市场中介完成的效率最高，获得的收益最大。为确保农地流转通过市场化高效完成，不仅要有农地流转的中介组织，还应该完善整个中介服务体系。在农地流转的每个环节都应该有第三方机构或者专业人员介入，以便完成农地政策的法律咨询、农地估价等。目前，中介组织的数量相对较少，无法满足农地流转的实际需要，而已经建立的中介组织，多为行政主导的外生型组织，大都存在行政干预过多的问题，自发主导的内生型组织较少。因此，要建立健全各项制度，保障中介组织的健康经营和运作，尽量减少政府干预；要优化中介组织结构、完善中介组织自身的建设，加速农地流转的进程。

6. 促进农民工市民化进程，确保农地流转供给

通过完善户籍制度、劳动制度和城市社会管理制度，让农民工自愿成为城镇化发展的重要力量和城镇的定居者。农地对于农民而言不仅是生产资料，也是生活保障。随着工资性收入的不断上涨，进城务工队伍的不断壮大，农民工实现了职业和地域的转移，但是并没有实现身份的市民化，因此他们无法享受城市公民的同等待遇，其子女在城市就读困难、买房困难，也没有相关的社会保障。虽然他们的工资性收入较高，但仍不稳定，无法承担城市过高的生活负担，大部分务工农民不能实现在城市定居，其农村农地仍然是他们的最后保障，这在一定程度上阻碍了农地的流转。因此，通过实现农民工市民化，农民在城市有生活保障，能够有效促进农村农地流转。

7. 整体对策

农地流转是实现农业增收和发展现代农业的重要举措。然而，从农民增收的角度来看，由于农业剩余劳动力转移是个阶段性、长期性任务，劳动分工优化机制中的释放农业劳动力、提高非农就业收入的功能只能在有限的历史时期发挥作用。由于农地租金最终只能从农业经营收益中分享，尽管农民增收是需要解决的问题，但对农业现代化来说最关键的是降低农业经营成本，提高农业竞争能力。短期内，虽然通过农地流转租金可以提高农民收入，但其会增加农业经营成本，降低农业经营收益。因而，农地财产实现机制只有随着农业经营效率的提高才能发挥更大的农民增收功能。当前农地流转的收入效应主要由农地财产实现机制和劳动分工优化机制产生，进一步推动农地流转、提高农民收入必须通过创造有利条件让农地资源优化机制、农业经营效率机制更充分地发挥作用。

首先，通过农地确权，进一步落实农村集体的农地所有权，把农地流转与农地整治相结合，让农民在农地利用规划、农地质量提升的事务中增强话语权，分享农地整治收益，从而激励作为农地使用者的农民积极开展有利于农地适度规模经营的农地整治，缓解农地碎片化现状，为现代农业机械和农业技术运用创造条件。其次，在农地流转中注重培育新型职业农民，积极培育新型农业经营主体，培育职业农民技能素养，让现代农业生产技术和农业经营管理方法得到更充分的运用，提高农业生产经营效率。再次，进一步坚持农地流转中农民自愿与政府引导相结合的原则，只有农民自愿才能保证政策措施着眼现实，政府引导则可体现立足长远。最后，进一步发展农业社会化服务体系，运用市场的手段连接农业生产与经营、技术与经验、资金与劳动力，盘活农业生产要素，完善农地流转市场。

虑，也不能进行较好的监管，亟待一个强有力并且具有一定公共性的主体加以合理有效的监管引导。

第二节　政策改进

农地流转是一个长期、复杂的动态过程，并非一蹴而就的。各级政府应主动对农地流转事业进行引导，使其由自发无序走向依法有序。在农地流转过程中，基层政府应时刻关注土地如何利用、土地权属如何变化、流转的价格如何界定等问题，及时建立、健全行之有效的土地流转登记制度，了解农地流转现状，并及时持续地动态监测农地流转状况，从而为合理地进行农地流转、优化土地资源管理提供科学依据，对农地流转事业及相关事项进行合理有效的管理。针对上述问题，本研究总结了以下几点措施。

第一，明晰政府与市场边界，规范农地市场运行机制。明确市场和政府的边界，以市场实现效率、政府维护公平的模式实现市场与政府的利益均衡，是建立健全农地市场运行机制的必然要求。这需要严格规范政府行为，切实提高执政能力。因此，政府的角色定位应该是作为流转市场的管理者，主要在流转方式、价格评估、契约公平、信息披露等方面实施监督和调控。总的来说，在农地流转过程中，必须坚持市场主导、政府引导，切实发挥政府在农地市场建构过程中的引导、管理、服务、协调等职能。长远来看，随着农地流转市场日益成熟、农地流转环境的逐步改善，政府可以选择逐渐退出农地市场，将交易的实施和达成完全交给市场，也可以通过鼓励非政府性质的农地流转信息、融资、抵押或托管服务平台，进一步降低农地流转中的交易成本，提高交易效率。

第二，完善农地流转的治理体系，提高政府对农地流转的治理能力。在政府主导农地流转过程中之所以出现“越位”或“缺位”的情况，从根本上说是政府在农地流转过程中的权力运用问题。相关法律制度即农地流转治理体系的欠缺使得政府部门的权力易出现滥用、乱用以及不用的情况，这就造成农地流转过程中会出现许多不必要的问题。因此，为了更好地解决政府主导农地流转所带来的“越位”和“缺位”问题，从根源上要完善相应的法律法规制度，对政府的权力进行更加严格的规划与约束，使其将权力运用到为民服务中去，提高政府对农地流转的治理能力。

第三，地方政府要积极履行公共服务职责。在我国现行的行政制度下，地方政府在农地流转过程中往往将仲裁、管理、代理权集于一身。因此，地方政府应进一步厘清代理人、管理者和仲裁者的职责，转变职能，强化政府在农地流转中的公共服务职责。目前，我国地方政府在农地流转过程中的公共服务职责严重缺失，针对这一问题，中央政府应明确其在农地流转过程中的公共服务职责：一是建立并完善农村社会保障体系。二是建立农地流转的信息实时披露制度和纠纷处理机制，政府应及时、完整地收集、整理和发布流转信息，使农地在较大范围内取得高效配置。三是提供配套的政策支持，制定鼓励农地流转的外部拉动政策和内部动力机制，建立连接市场和农户的纽带与桥梁，提供有资金、有能力的中介服务组织参与农村土地流转。同时，地方政府还应从资金投入、科研开发、技术推广等方面向农业企业提供帮助和支持，降低农民获取产品信息的成本，通过明确乡镇、村在农地流转中的中介服务角色及职责定位，为农地流转提供降低交易成本、保障交易安全的各项公共服务。

第四，构建稳定的农地流转制度环境。如果说科学解决农村集体土地产权主体模糊是中央政府的责任，那么对地方政府而言，当前最重要的任务就是改善农地流转环境。首先，地方政府应建立土地权属管理办公室，并直接给农民发放土地使用权证。把土地使用权证发到农民手中，地方政府就很难进行行政性调整，从而能最大限度地保证土地承包权的稳定，避免不规范的农地流转。其次，地方政府应充分尊重农民作为农地流转市场的主体地位，从有利于农村生产要素合理流动和资源优化配置的高度出发，在农户平等协商、依法、自愿、有偿的前提下，积极引导农地流转，保证农地流转健康有序进行，不能以任何借口剥夺农户的农地流转决策权。再次，地方政府部门应建立健全指导农地流转的操作性制度，包括农地流转申请、审批、登记、流转合同签订、兑现、流转合同纠纷调解与仲裁及农地交易登记制度、农地价格评估制度、农地流转招投标机构等一系列制度，培育市场化的流转机制，建立完善稳定的农地流转市场。最后，地方政府部门还应从财政管理体制及行政管理体制上健全政府土地收入的财政入库及专项的支农支出，因为目前地方各级政府财政从农村土地流转中获得的收益，在很大程度上还没有真正做到“取之于农，用之于农”。

第五，创新农地流转管理服务制度，优化农地流转外部环境。从发展农地流转市场化的客观要求来说，建立合理有效的农地流转管理制度是推进农地流转市场化的前提。具体措施包括：构建有形规范的农地产权交易市场，为农地使用权流转提供便捷的交易平台；健全农地有偿流转准则，尤其是农地流转缔约有关的规定，规范流转主体的交易行为；建立农村土地交易信息系统和土地用途监管系统；构建农地价格评估组织，针对农地价格、农地质量评估方面提供服务；发展农地交易纠纷处理中介，调解农地流转过程中的争端，促进农地流转的展开。

第六，培育农地供需市场，加强现代契约精神对乡村“差序格局”的引导。从供给层面来讲，要使得农户愿意转出土地，且缓解以“关系型市场”为主的流转现状，关键要弱化农户对土地和亲友间互助的依赖程度，进而促进农地向其他社会主体流转，发挥市场价格在农地流转中的主导作用。主要措施包括：扩展农民接受教育的路径，转变农民传统观念，培养农地流转的市场意识；发展当地非农产业、提供非农就业技能培训，以增加农民非农就业机会和降低对农地的依赖，最终推进户籍制度改革和建立健全多层次的农村社会保障体系，弱化农地的社会保障功能。从需求层面来讲，应适当提高农业经营的比较效益，充分利用地区资源优势，优化农业产业结构，深化价格体制改革，提高农业经济效益，激励农户进行农业长期性生产投资；大力发展农村金融服务，利用财政杠杆和货币政策工具，建立和健全各类金融机构，以缓解农业生产资金借贷困难问题；因地制宜地发展特色农业，增加经营者收入。

第七，以市场供求为基础，建立健全农地流转价格机制。构建一套行之有效的农地流转价格机制，对于培育农地流转市场必不可少。为了引导农地流转市场价格的形成，需要建立一套涵盖农地质量基准地价、征地区片综合地价和标定地价等的完整的农地价格体系。同时，也需要尽快确立农村土地估价指标体系，确立科学、实用的估价方法。在各个乡镇建立农地流转服务站，用于收集和定期公布农地流转市场信息，以降低流转信息不充分的问题。另外，农地流转服务站应积极履行合理评估农地流转价格、协助流转双方签订契约等职责，并建立农地流转租金和农地经营绩效协同增长系统。

第八，对农地流转工作实施动态监测。具体来说，动态监测农地流转的内容应该包括：监测农地流转的数量和质量变化情况。要长期跟踪监测农地流转总量的变化、流转后农地用途的变化、流转前后土壤的肥力状况的变化等数据。监测农地流转价格，不同地区往往由于其所在地的经济发展水平不同以及农地的质量等级不同，导致其流转的价格也相应地发生变化。为适应各地区的实际经济发展，应设立专门监测点，从流转农地的区位、质量等因素上来监测不同区域农地的流转价格，并以此来建立农地流转价格的动态变化监测系统，从而确保农地流转价格的实时性和准确性。监测农地流转过程中出现的问题，对农地流转过程中出现的各类问题进行总结、梳理，对这些问题要及时上报并尽快予以解决，从而提高对农地流转引发纠纷的处理能力。通过动态监测农地流转，可以及时掌握与农地流转有关的动态信息，从而为调整与修编农村农地流转规划方案、保护与利用耕地、健全法律法规与政策等提供最新的数据。同时，要对各地在农地流转实践中的好方法和好形式进行及时的分析、总结，并及时了解农地流转过程中出现的各种新情况、新问题，从而为农地流转的科学化和信息化管理奠定良好的基础，有效地提高农地流转的管理和服务水平。

参考文献

［1］ 黎冯梅．政府与市场关系理论阐述的研究综述［J］．全国流通经济，2019（18）：53-55.

［2］ 张慧．土地流转中政府和市场的关系研究——以山东省为例［J］．安徽农业科学，2019，47（5）：264-267.

［3］ 杨艺，朱翠明，张淇．农村土地经营权流转中政府与市场的关系研究［J］．西南民族大学学报（人文社会科学版），2017，38（10）：206-212.

［4］ 唐显键，孙文．政府与市场关系研究文献综述［J］．现代商业，2018（17）：173-174.

［5］ 黄林芝．论市场与政府的关系［J］．现代经济信息，2018（10）：5-6.

［6］ 张朝微．不同农地流转模式中的政府角色定位［J］．农村经济与科技，2016，27（15）：35-36.

［7］ 常伟，梅莹，李晨婕．政府主导型农地流转模式研究［J］．宿州学院学报，2014，29（2）：1-4.

［8］ 王红婵．农地流转中的政府主导作用探析［J］．福建论坛（人文社会科学版），2015（5）：38-41.

［9］ 徐鲜梅．农村土地流转模式比较研究［J］．农村经济，2015（2）：24-30.

［10］ 吕梦实．市场经济运行中的政府失灵：表现、原因与对策［J］．现代商贸工业，2017（18）：89-90.

［11］ 韩春虹，张德元．市场化运作的农地流转模式——一个分析框架

[J]. 内蒙古社会科学（汉文版），2018，39（5）：62-67.

[12] 尚旭东，常倩，王士权．政府主导农地流转的价格机制及政策效应研究[J]. 中国人口·资源与环境，2016，26（8）：116-124.

[13] 仇童伟，杨震宇，马贤磊．农村土地流转中“差序格局”的形成与破除——基于交易“差序格局”和第三方实施的分析[J]. 农林经济管理学报，2017，16（4）：441-453.

[14] 洪名勇．信任、空间距离与农地流转契约选择研究[J]. 江西财经大学学报，2017（1）：81-90.

[15] 邹宝玲，罗必良．农地流转的差序格局及其决定——基于农地转出契约特征的考察[J]. 财经问题研究，2016（11）：97-105.

[16] 张小劲，陈波，苏毓淞．差序政治信任的城乡比较——基于2015年中国城乡社会治理调查数据的实证研究[J]. 湘潭大学学报（哲学社会科学版），2017，41（6）：32-39.

[17] 高建设．农地流转价格失灵：解释与影响[J]. 求实，2019（6）：92-106+110.

[18] 仇童伟，罗必良，何勤英．农地流转市场转型：理论与证据——基于对农地流转对象与农地租金关系的分析[J]. 中国农村观察，2019（4）：128-144.

[19] 李成明，孙博文，董志勇．农户异质性、农地经营权流转与农村收入分配——基于中国家庭追踪调查数据（CFPS）的实证研究[J]. 农村经济，2019（8）：26-33.

[20] 柯炼，黎翠梅，汪小勤，等．土地流转政策对地区农民收入的影响研究——来自湖南省的经验证据[J]. 中国土地科学，2019，33（8）：53-62.

[21] 李丹，薛桂霞，王国刚．规模经营下粮食经营主体持续生产意愿研究——基于调查的实证分析[J]. 四川农业大学学报，2019，37（3）：411-417.

[22] 张文明．内生发展：自主性对农村家庭收入的影响——基于上海市郊9个村的实证研究[J]. 人民论坛·学术前沿，2019（10）：48-60.

［23］徐美银．农民工市民化、产权结构偏好与农村土地流转——基于江苏、浙江、湖北、四川调查数据的分析［J］．社会科学，2019（6）：48-62.

［24］吴清华，周晓时，李俊鹏．非农经营收入与家庭农业劳动供给——基于家庭农场调查数据的实证分析［J］．华中农业大学学报（社会科学版），2019（3）：61-70+161.

［25］张益丰，韩杰，王晨．土地流转、农业适度规模化及农户增收的多维度检视——基于三省584户农业经营户调研数据的实证研究［J］．经济学家，2019（4）：89-102.

［26］童庆蒙，张露，张俊飚．土地转入能否提升农民生活满意度？——来自湖北省江汉平原地区的经验证据［J］．长江流域资源与环境，2019，28（3）：614-622.

［27］史常亮．农户土地流转收入效应的异质性分析［J］．学习与实践，2019（3）：37-46.

［28］王素涛．农户土地转出的影响因素研究——基于土地流转补贴政策效用的视角［J］．中国农业资源与区划，2018，39（12）：224-230.

［29］毛加强，贾蕙宇．农地流转对农民福利的影响研究——基于一般化加速模型（GBM）的倾向评分加权法与PSM的实证检验［J］．农林经济管理学报，2018，17（6）：717-726.

［30］刘鸿渊，陈怡男．农地流转与农民土地财产收入关系研究——一个利益属性与主体策略行为的视角［J］．农村经济，2018（5）：22-27.

［31］郭君平，曲颂，夏英，吕开宇．农村土地流转的收入分配效应［J］．中国人口·资源与环境，2018，28（5）：160-169.

［32］王珏，范静．土地经营权流转对农户收入增长及其地区异质性影响研究——基于全国8个省份2037个农户家庭的调查［J］．农村经济，2018（4）：35-41.

［33］郑爱民，李中．土地流转、农民收入与人力资本投资决策——基于调查数据的实证分析［J］．系统工程，2018，36（3）：85-95.

［34］陈晓枫，翁斯柳．“三权”分置改革下农民财产性收入的特点和发

展趋势［J］. 政治经济学评论，2018，9（2）：106-122.

［35］赵艳. 农村土地流转、城乡收入差异和新型城镇化耦合协调性发展研究［J］. 世界农业，2017（12）：142-147.

［36］史常亮，栾江，朱俊峰. 土地经营权流转、耕地配置与农民收入增长［J］. 南方经济，2017（10）：36-58.

［37］张守莉，杨宁，边爽. 土地经营规模对农户种粮收入的影响分析——以吉林省公主岭市为例［J］. 中国农业资源与区划，2017（389）：162-166.

［38］史常亮，栾江，朱俊峰，陈一鸣. 土地流转对农户收入增长及收入差距的影响——基于8省农户调查数据的实证分析［J］. 经济评论，2017（5）：152-166.

［39］王静，杜为公，李晓涛，张葵. 土地对农民不同类型收入的影响——基于长江干流10省（市）的面板数据［J］. 江苏农业科学，2017，45（15）：298-301.

［40］仇童伟. 农地产权、要素配置与家庭农业收入［J］. 华南农业大学学报（社会科学版），2017，16（4）：11-24.

［41］夏晨，张超群，王立群，等. 土地转出行为对农户收入差距的影响——基于山东省潍坊市调研数据［J］. 江苏农业科学，2017，45（11）：264-268.

［42］杨子，马贤磊，诸培新，等. 土地流转与农民收入变化研究［J］. 中国人口·资源与环境，2017，27（5）：111-120.

［43］高欣，张安录，杨欣，李超. 湖南省5市农地流转对农户增收及收入分配的影响［J］. 中国土地科学，2016，30（9）：48-56.

［44］张全景，吕晓，于伟. 农地流转的障碍因素与政策创新研究——新型城镇化背景下山东省的实证［M］. 北京：北京师范大学出版社，2018.

［45］宋敏. 基于负外部性治理的农地城市流转管制研究［M］. 北京：中国经济出版社，2018.

［46］苟军年. 农地使用权流转模式选择及创新研究［M］. 北京：法律出

版社，2014.

［47］赵金龙．中国农地流转问题研究［M］．北京：中国农业出版社，2014.

［48］柯武刚，史漫飞，贝彼得．制度经济学（第二版）：财产、竞争、政策［M］．北京：商务印书馆，2018.

［49］张成福，党秀云．公共管理学（第二版）［M］．北京：中国人民大学出版社，2007.

［50］农业农村部农村合作经济指导司，农业农村部政策与改革司．中国农村经营管理统计年报（2018年）［M］．北京：中国农业出版社，2019.

［51］沈怡．差序格局、政府引导与农地流转价格扭曲［D］．南京：南京农业大学，2017.

［52］胡宗梅．信任程度对政府主导下农地流转契约选择的影响［J］．农业科学研究，2016，37（3）：70-74.

［53］胡宗梅．信任程度对农地流转契约选择的影响［D］．南京：南京农业大学，2016.

［54］孙小龙．产权稳定性对农地流转、投资和产出的影响研究［D］．北京：中国农业大学，2018.

［55］杨芳．社会网络对农户生产决策的影响研究［D］．重庆：西南大学，2019.

［56］陈政旭．现行农地流转模式对比探析［D］．烟台：烟台大学，2016.

［57］张昆．农村土地承包经营权流转模式研究［D］．福州：福州大学，2015.

［58］王志刚．厘清政府与市场关系的八个方面［N］．中华工商时报，2017-02-24（003）.

［59］张韧．农地确权对抑制农地流转的禀赋效应研究［D］．南昌：南昌大学，2019.

后 记

16 年前我进入南京农业大学公共管理学院学习，便与土地问题结下了不解之缘：起初是主攻土地利用规划方向，其间接触到大量的土地规划实际工作，理论联系实际，发现中国的土地规划问题绝不仅是技术革新就能解决的，规划是一种公共政策，是各方利益博弈、权衡、妥协的过程；再到后来，逐步从规划方向扩展到对土地政策的研究，随着研究的深入，我发现，中国的土地问题更多地集中于农村地区，表现在农村土地产权的界定、农地的流转、宅基地的退出等方面。解决好农村土地问题，既是稳步推进土地制度改革的需要，也是推动建设社会主义现代化强国的基础。

本书是教育部哲学社会科学研究青年基金项目“政府主导农地流转的政策效应研究——基于内蒙古自治区的调研”(项目批准号：17YJC630218)的最终成果。作为本项目阶段性成果的论文和咨询报告已在发表和提交时署名，现将作为项目最终成果的本书的作者及项目参与者说明如下：

本项目负责人为本人，主要负责全书的构思、体例、审阅、修订以及撰写工作。本书的完成，离不开很多人的帮助：靳晓雯、杨腾原、安华对全书的框架提出了宝贵的意见；赵德成帮助我分析了政府主导农地流转的机理，同时搜集了大量内蒙古农地流转的案例；郭小雨查阅了大量的国内外文献，帮助我厘清了农地流转相关研究的脉络；张美娇参与了我对政府主导农地流转成本弹性的测度，并帮助我对差序格局有了进一步的认识；吴文正带领调研团队开展农户入户调查，搜集到农地流转前后农户收入的第一手数据，并帮助我测度了政府主导与市场主导下农户收入的变化；郭梦瑶帮助我对全书语句、文字进行了校对、修正。同时，我也要感谢在项目开始阶段，给予我无私帮助的几位本科生，他们是何鸿飞、孙萌、赵忠旭、梁雪玮、高雅、王娇。

感谢这些年对我的实地调研和研究给予极大帮助的人，有地方领导同志和朋友，也有奋战在基层一线的村干部和淳朴的农民，是他们的悉心安排和热心帮助让我的研究得以更加贴近实际，是他们的真知灼见让我茅塞顿开；感谢内蒙古大学公共管理学院的领导和同事，感谢他们为我提供了教学科研咨询的宝贵平台和良好的工作环境；感谢出版社的编辑，是他们的辛勤劳动让本书得以尽快出版；最重要的是要感谢我的家人对我全方位的支持，使我能够不为名利所纷扰，得以全凭兴趣和良心来沉心静气地研究和写作。

张 宇

2020 年 12 月于呼和浩特